Peter Gitzinger · Linus Höke · Roger Schmelzer

Das böse Buch für Lehrer

Peter Gitzinger · Linus Höke · Roger Schmelzer

DAS BÖSE BUCH FÜR

LEHRER

Mit Illustrationen von Ari Plikat

LAPPAN

Schulen haben einen umfassenden
BILDUNGSAUFTRAG.
Es geht um Themen wie Rechnen,
Rechtschreibung und Grammatik,
um die Allgemeinbildung und sicher
auch um die Vermittlung von Werten. Die
Frage, die sich viele in Ihrem Kollegium nun
stellen werden, lautet: Bildungsauftrag schön
und gut, aber was habe **ich** damit zu tun?
Unterrichten im 21. Jahrhundert ist schon
lange keine Weitergabe von Wissen mehr,
es ist der reine ÜBERLEBENS-
KAMPF. Wenn eine Lehrkraft
heutzutage an ihren Arbeitsplatz denkt,
dann sieht sie vor ihrem geistigen Auge eine
Ansammlung ungepflegter, ungebildeter,
schlecht erzogener Charakterzombies, die
einem Tag für Tag das Leben zur Hölle
machen. Und daneben gibt es ja auch noch
die Schüler.

Selbst wenn man im Haifischbecken des KOLLEGIUMS überlebt, erwarten einen in den Aquarien zahllose blutrünstige Piranhas, die es nur darauf abgesehen haben, ihren Tierwärter zu zerfleischen. Während des DISTANZUNTERRICHTS war dieses Problem allerdings weitgehend entschärft, weshalb viele Kollegen und Kolleginnen nun massiv dafür plädieren, ein anderes, bereits bewährtes Konzept des Distanzunterrichts zu intensivieren: das Eigenverantwortliche Arbeiten (EVA) oder Selbstorientierte Lernen (SOL). Auch bekannt als Lernen ohne Lehrer (LOL), Malen nach Zahlen (MNZ) oder schlicht: Unterrichtsentfall.

Man muss festhalten: Das heutige SCHULSYSTEM ist für die Lehrerschaft eine zwiespältige Angelegenheit. Auf der einen Seite gelingt immer mehr Schülern und Schülerinnern der Sprung aufs Gymnasium, ihre Teilhabe an der schulischen Mitbestimmung steigt kontinuierlich, die Prügelstrafe ist seit Jahrzehnten abgeschafft und die Digitalisierung hat mittlerweile auch an deutschen Schulen Einzug gehalten. Auf der anderen Seite gibt es aber auch positive Entwicklungen. Das A N S E H E N der Lehrkräfte ist gewachsen, der Beamtenstatus bleibt für die meisten erhalten und auch die F E R I E N sind bislang nicht verkürzt worden. Kurzum: Es bleibt genug Freizeit, um zwischendurch mal in aller Ruhe ein gutes B U C H zu lesen. Zum Beispiel dieses hier.

INHALT

SIND SIE EINE GUTE LEHRKRAFT?

Lehrerinnen und Lehrer, so will es das Klischee, haben ihren Beruf vor allem aus zwei Gründen gewählt. Erstens: Sie wollten unbedingt verbeamtet werden. Und zweitens: Sie haben sonst nichts Vernünftiges gelernt. Das ist natürlich absoluter Quatsch, es gibt ja schließlich auch angestellte Lehrkräfte. Vor allem aber gibt es auch solche, die ihre Berufung zu ihrem Beruf gemacht haben. Zu welcher Sorte gehören *Sie*? Finden Sie es heraus, indem Sie die unten stehenden Fragen beantworten.

1 Erinnern Sie sich daran, wie Sie zum ersten Mal vor einer Schulklasse standen? Was dachten Sie in diesem Moment?

a „Toll! Ich wollte schon immer mit Kindern arbeiten. Mein größter Traum ist Realität geworden."

b „Hallo??!! Ich habe doch nicht so viele Jahre lang studiert, um mich mit irgendwelchen Rotzgören rumzuplagen!"

c „In den Sommerferien bin ich auf Gomera ...", „In den Sommerferien bin ich auf Gomera ..." Erinnere dich, was deine Therapeutin zu dir gesagt hat: „Immer, wenn dir suizidale Gedanken kommen, denk an etwas Schönes."

2 Der letzte Schultag vor den Sommerferien ist gerade zu Ende gegangen. Welches Gefühl löst dies bei Ihnen aus?

a Ich bin traurig, denn jetzt werde ich meine heiß geliebten Schüler und Schülerinnen sechs Wochen lang nicht sehen.

b Ich bin traurig, denn schon in sechs Wochen werde ich diese elenden Nervensägen wiedersehen.

c Gar keins, weil ich wie üblich das halbe Schuljahr krankgefeiert habe und den Unterschied zwischen Schulzeit und Ferien nicht so mitkriege wie meine völlig ausgebrannten Kollegen.

3 Ein Schüler stört Ihren Unterricht ständig mit obszönen Bemerkungen. Wie reagieren Sie?

a Ich lasse ihn gewähren, denn Schweinkram reinrufen ist seine individuelle und kreative Art, sich am Unterricht zu beteiligen.

b Ich ignoriere ihn scheinbar, räche mich aber bei der nächsten Klassenarbeit, indem ich ihn ständig mit obszönen Bemerkungen störe.

c Ich reagiere überhaupt nicht. Ich habe meiner Klasse einen 90-minütigen Arbeitsauftrag erteilt und befinde mich wie üblich gar nicht im Klassenraum, weshalb auch niemand meinen Unterricht stören kann.

4. Einer Ihrer Schüler kündigt auf seiner Insta-gram-Seite einen Amoklauf an der Schule an. Was tun Sie, um ihn davon abzuhalten?

a Ich versuche in einem Vier-Augen-Gespräch herauszufinden, welche traumatischen Ereig-nisse in seiner Kindheit ihn zu dieser Aktion veranlasst haben. Danach gehe ich mit ihm auf den Schulhof, wo wir gemeinsam einen gro-ßen Baum umarmen und so alle Aggressionen auflösen.

b Ich gebe dem Schüler ein pädagogisch fun-diertes Feedback. Ich sage ihm, dass nur ein kompletter Vollidiot seinen geplanten Amoklauf bei Instagram ankündigt, weil es dann jeder mitkriegt. Und dass mich diese hirnlose Aktion nicht weiter überrascht, weil sie sich nahtlos in seine bisherigen schulischen Leistungen ein-fügen würde.

c Ich schreie ihn an, dass ich total sauer auf ihn bin, weil ich vor Kurzem die gleiche Idee gehabt habe und er mir jetzt zuvorkommen und damit meinen gloriosen Abgang versauen würde.

5. Nach der Rückgabe einer Klassenarbeit teilt Ihnen eine Schülerin mit, dass Sie sich bei der

Punktzahl verrechnet hätten und ihr statt einer 5 plus eine 4 minus geben müssten. Kommen Sie der Bitte Ihrer Schülerin nach?

a Auf jeden Fall. Wenn ich einen Fehler gemacht habe, muss ich auch dazu stehen. Ich habe gegenüber meinen Schülern und Schülerinnen eine Vorbildfunktion.

b Nein. Ich habe mich noch nie verrechnet und ich werde mich auch nie verrechnen. Ich würde meine Fehler zugeben, wenn ich welche hätte.

c Ich raunze sie an, sie könne sich ihre Punkte sonstwohin stecken und froh sein, dass ich ihr nicht die 6 gegeben habe, die sie eigentlich verdient habe.

6. Während der Corona-Lockdowns mussten Sie häufiger Distanzunterricht über digitale Plattformen erteilen. Wie ging es Ihnen damit?

a Super. Ich war schon immer offen für digitale Medien im Unterricht.

b Das war null Problemo, die Digitalisierung und ich sind beste Freunde. Allerdings ging manchmal während des Unterrichts das Internet alle. Oder der Akku von meinem Lapbook. Oder beides.

c Alles Digitale ist böse. Deshalb habe ich auch bei einer Inzidenz von 5.000 und minus 20 Grad den Präsenzunterricht bei geöffneten Fenstern durchgezogen. Seitdem weiß ich: Auch Schulkinder können Gefrierbrand kriegen.

Buchstabe a zählt einen Punkt, Buchstabe b zwei und c zählt drei Punkte. Addieren Sie jetzt Ihre Punkte und entnehmen Sie das Testergebnis bitte untenstehender Tabelle.

Punkte

6 bis **8**	Sie sind Pädagoge aus Passion. Für Sie sind Kinder das wertvollste Gut, das Sie in Händen halten. Weiter so!
9 bis **15**	Sie sind maximal grauer Durchschnitt. Ihnen gehen die Schülerinnen und Schüler am Arsch vorbei! Weil Sie wissen: Nur so können Sie bis zu Ihrer Frühpensionierung mit 55 durchhalten!
16 bis **18**	Dass Sie dort unterrichten, wo Sie unterrichten, ist toll – für alle Schülerinnen und Schüler, die nicht an Ihrer Schule sind. Sie sind einfühlsam wie Godzilla, arbeiten so gerne wie ein Zweifingerfaultier und haben ein liebloseres Verhältnis zu Kindern als ein Rebellenführer im Südsudan oder die katholische Kirche.

WAS LEHRERINNEN UND LEHRER WIRKLICH MEINEN,

Früher trat ein Lehrer morgens vor die Klasse, blickte streng auf den Schüler Müller hinunter und blaffte: „Müller, Sie sind eine Null! Eine Milchkanne hat mehr Intellekt als Sie. Wie Sie es schaffen überhaupt zu atmen, ist mir ein Rätsel – man würde Ihnen derart komplexe Tätigkeiten nicht zutrauen, wenn man ihre Klausuren durchliest. Außerdem sind Sie faul, unsportlich und stinken wie ein rolliger Puma – ich verabscheue alles an Ihnen, Sie Wurst."

Danach wurde der Schüler Müller gut durchgeprügelt (und der Lehrer daraufhin zum Direktor gerufen, wo ihm mitgeteilt wurde, dass er die Auszeichnung „Pädagoge des Monats" gewonnen hatte).

Mit diesem erfrischend offenen Umgang ist es heute vorbei. Das erste, was viele Nachwuchslehrerinnen und

-lehrer von ihren erfahreneren Kollegen und Kolleginnen lernen, ist: In der modernen Schule treffen mehrere bis aufs Blut verfeindete Parteien – Schülerschaft, Eltern, Direktoren, die Schulämter – aufeinander. Eine Lehrperson, die nicht die diplomatische Raffinesse des Dalai Lama und die Glattzüngigkeit eines Machiavelli mitbringt, wird schnell zermalmt. Und so lernt der Neuling bald das wichtigste Prinzip des Schulalltags: Sag, was du denkst, aber sag es so, dass es keiner versteht.

Hier einige Beispiele:

„So, die Grundlagen haben wir in diesem Schuljahr gemeinsam gelegt – im nächsten Jahr wird dann alles viel leichter laufen."

„So, ich habe bei den Zeugniskonferenzen dafür gesorgt, dass die Hälfte von euch Neandertalern sitzenbleibt – im nächsten Jahr wird dann für mich alles viel leichter laufen."

„Die Zeichnungen Ihres Sohnes sind faszinierend. Ich werde seinen Werdegang mit großem Interesse verfolgen."

„Die perversen Zeichnungen dieses kranken Versagers sind verstörend und mir macht das eine Scheißangst. Ich werde ihn genau im Auge behalten – damit ich mich genau an dem Tag krankmelden kann, wenn der Spinner hier alles in die Luft jagt."

„Herr Kollege, Sie sind vielleicht ein bisschen altmodisch, aber noch ein richtiger Pädagoge von altem Schrot und Korn. Ich finde es wichtig, dass die Schüler so jemanden haben, an dem sie sich orientieren können."

„Sie sind ein rechtskonservatives, sadistisches Arschloch, eigentlich hätten Sie Verhörspezialist bei der Gestapo werden sollen. Ich bin heilfroh, dass Sie die Schüler quälen – und nicht mich."

„Bei der Benotung der Klassenarbeit habe ich mir stundenlang den Kopf zerbrochen ..."

„... darüber, ob ich in den Ferien an die Costa Blanca oder nach Ligurien fahre. Die Noten standen natürlich schon vorher fest."

WAS SCHÜLERINNEN UND SCHÜLER WIRKLICH MEINEN,

WENN SIE SAGEN …

Die Schülerinnen und Schüler hingegen sehen ihre Pädagogen als Vorbilder und ahmen diese nach. So haben auch sie schon in jungen Jahren die Kunst der Doppelzüngigkeit erlernt.

„Wir werden Ihren Unterricht niemals vergessen!"

„Wie auch? Wir haben Ihre peinlichsten Szenen mitgefilmt und auf TikTok online gestellt – und da bleiben sie bis in alle Ewigkeit!"

„Ich fühle mich immer richtig angeregt, wenn ich in Ihrer Stunde sitze!"

„Sie sind dermaßen verschnarcht, dass Sie nicht mal merken, dass ich mir jedes Mal ein Crack-Pfeifchen genehmige!"

„Bei Ihnen vergeht die Zeit wie im Flug."

„Wenn Sie dauernd bei minus 10 Grad zum Lüften das Fenster aufreißen, fühlt man sich wie Charles Lindbergh bei der Atlantiküberquerung."

DIE GRÖSSTEN Horror-VORSTELLUNGEN VON LEHRKRÄFTEN

Es gibt viele Klischees, wovor Lehrinnen und Lehrer am meisten Angst haben: Aufsässige Schüler und Schülerinnen, schlechte Arbeitsbedingungen, Burn-out. Doch dies ist nur ein Teil der Wahrheit. Wir

haben 2.000 repräsentativ ausgewählte Lehrkräfte anonym befragt, um herauszufinden, wovor die Betroffenen *wirklich* Angst haben. Die Ergebnisse sind eine absolute Sensation und widersprechen allem, was man bislang über Lehrer und Lehrerinnen zu wissen glaubte. Hier die größten Horrorvorstellungen im Überblick:

1 Die Sommerferien werden von 6½ auf 6 Wochen reduziert.

(100% Zustimmung.)

2 Der Schüler, von dem du dein Crystal Meth beziehst, wechselt die Schule.

(18% Zustimmung; die restlichen Befragten verstanden den Satz nicht, weil sie dachten, Crystal Meth sei eine englische Lyrikerin.)

3 Wegen Lieferengpässen kann man weltweit jahrelang keine Wohnmobile und auch keine Jack-Wolfskin-Jacken kaufen.

(72% Zustimmung; die restlichen 28% ließ die letzte Vorstellung kalt, weil ihre Jacken nicht von Jack Wolfskin, sondern von Fjällräven seien.)

4. Es ist der letzte Schultag, 16 Uhr, und du bist noch immer nicht in deinem Urlaubsland angekommen.

(91% Zustimmung)

5. La Gomera wird durch einen Vulkanausbruch komplett zerstört.

(50% Zustimmung, die anderen 50% sagen: „Mir egal, ich verbringe meinen Urlaub eh immer im Wohnmobil.")

6. Das Bundesgesundheitsministerium stellt fest, dass wir alle uns auch in den nächsten 20 Jahren noch mit Corona beschäftigen werden müssen. Und die Lehrkräfte mit den sich wöchentlich ändernden Bestimmungen.

(100% Zustimmung)

7 Du erzählst deinen Schüler*innen, dass du ein großer Fan von digitalen Geräten im Unterricht bist. Als mitten in der Stunde dein Smartphone klingelt, hast du aber nicht die geringste Ahnung, wie man das nervige Ding abschaltet.

(20% Zustimmung. Diese 20% sagen auch: „Digitale Geräte in der Schule sind die Zukunft, vor allem bei, ääääh, der Digitalisierung.")

8 Der Kollege, der für die Organisation des jährlichen Betriebsausflugs zuständig war, ist überraschend verstorben. Du wirst vom Schulleiter als seine Nachfolgerin bestimmt – obwohl du schon für die Kaffeekasse zuständig bist!

(100% Zustimmung)

9 Du merkst beim Betreten der Klasse, dass deine schusssichere Weste zu Hause auf der Wäscheleine hängt.

(Zustimmung bei 100% der Hauptschullehrer und -lehrerinnen, der Rest zerstritt sich heillos über die Frage, ob man „schusssicher" nach den neuen Rechtschreibregeln wirklich mit drei „s" schreibt.)

1. Es gibt von heute auf morgen keine Kinder mehr. Ein Albtraum! Weil es bedeutet, dass du dir jetzt einen anderen Job suchen musst.

(90% Zustimmung, die restlichen 10% antworteten: „Ich finde jederzeit einen anderen Job. Akademiker*innen werden immer gesucht: Ingenieur*innen, Ärzt*innen ... warum sollte man ausgerechnet als Lehrer*in keinen Job finden? ... Und warum grinsen Sie die ganze Zeit so blöd? Sie haben doch selbst nix Gescheites gelernt!")

11. Du unterrichtest Musik und gibst dich gegenüber der neuen Klasse als „voll krass informiert" über Popmusik und Hiphop zu erkennen. Leider merken deine Schüler kurz darauf, dass du Justin Timberlake für einen See in Schottland hältst und Dua Lipa für einen Cocktail auf Rumbasis. Außerdem bist du „echt erschüttert", als man dir mitteilt, dass Guns & Roses nicht mehr zusammen sind.

(Zustimmung bei 53%; der Rest der Befragten erlitt bei der Nennung des Namens „Justin" einen allergischen Schock.)

EINE KURZE GESCHICHTE DES SCHULUNTERRICHTS

Eigentlich fing alles ganz harmlos an vor rund 120.000 Jahren: Zwei junge Vertreter eines namenlosen Stammes der aufstrebenden Art Homo sapiens gerieten in Streit über die korrekte Aussprache des Wortes „Grrrgch".

Das war unangenehm, denn „Grrrgch" konnte verschiedene Bedeutungen haben:

1. „Hallo, ich bin ein Freund und komme in guter Absicht."

2. „Willst du was? Komm nur! Ich mach dich platt, du Neandertaler!"

3. „Verdammt, wo kommt jetzt plötzlich dieser Säbelzahntiger her?"

4. „Hallo, süße Schnecke. Zu mir oder zu dir?"

5. „Ei, deucht mich doch, ich hätt ein Mammut
   dort am Horizont erspähet. Eure Spieße ergreift,
   Gefährten, frischauf zur frohen Hatz!"

6. „Sach ma, ist dat da Mammutscheiße an deinem
   Fuß?"

7. „Wie buchstabiert man eigentlich
   Australopithecus?"

Die Worte waren halt gerade erst erfunden worden
und es gab noch nicht so viele. Darum war es wichtig,
dass man sie richtig aussprach, sonst laberte man heil-
losen Unfug. Also entschied der Sippenälteste: „Leute,
ihr müsst lernen, wie man sich richtig ausdrückt. Ab

morgen ist Schule." (Eigentlich sagte er natürlich: „Grrrgch" – dies war die Bedeutung Nummer 8.)

Von da an stieg das Bildungsniveau des Homo sapiens unaufhaltsam. Dabei war das Curriculum für die Unterweisung des Nachwuchs-Frühmenschen zunächst noch übersichtlich. Hier ein typischer Stundenplan von damals:

ERSTE STUNDE: Deutsch (gemeinsames Durchdeklinieren des Wortes „Grrrgch").

ZWEITE STUNDE: Sport (Speerwerfen – auf Mammuts und Säbelzahntiger).

DRITTE UND VIERTE STUNDE: Sport (Rennen – Flucht vor wütenden, verwundeten Mammuts).

FÜNFTE UND SECHSTE STUNDE: Sport (Rennen – Flucht vor sehr wütenden Säbelzahntigern).

Mit anderen Worten: Man hampelte halbnackt rum und gab unverständliche Grunzlaute von sich.

Schule machte Spaß!

Die Leute damals wurden nicht alt (mit 19 war oft schon ein Sitz im Ältestenrat drin und mit 25 wurde man ausgemustert und durfte den Behindertensitzplatz in der Nähe des Höhleneingangs benutzen), deshalb war natürlich auch die Schulzeit kurz: Man wurde Anfang September eingeschult und bekam dann Ende Oktober das Abiturzeugnis ausgehändigt, nach etwa acht Wochen (ein früher Vorläufer von G8).[*]

Dann trudelte das Paläolithikum so langsam aus, der Homo sapiens nannte sich jetzt schlicht „Mensch", erfand den Ackerbau und in unmittelbarer Folge den Tauschhandel und das Geld. Ein neues Schulfach musste her: Mathe.

Und schon bekam die heile Welt der Schule erste Risse, erstmals erhoben die Schüler ihre Stimme: „Mathe? Das hat uns vorher keiner gesagt! Wer braucht denn so was? Wir wollen Sport!"

Zaghafte Hinweise des Lehrkörpers, dass man mit dem Lehrplan doch nur up to date bleiben wolle, zumal Säbelzahntiger und Mammuts inzwischen ausgestorben seien, blieben ungehört – das Verhältnis zwischen Schüler- und Lehrerschaft war ernsthaft angeknackst. Das sollte auch die nächsten 9.000 Jahre so bleiben.

---

[*] Später wurde die Schulzeit dann in einigen Gegenden auf neun Wochen verlängert – je nachdem, wo die Höhle des Clans lag.

Trotzdem gab es Ausnahmen: Im antiken Griechenland zum Beispiel war man von der Idee der Bildung so begeistert, dass eine Bevölkerungsumfrage zur Zeit des Tyrannen Peisistratos in Athen ca. 600 v. Chr. folgende Aufteilung ergab:

Einwohner: 40.000, davon:
Lehrer: 19.999
Schüler: 20.000
Tyrann: 1

Der Lehrerberuf war wahnsinnig beliebt: So war Sokrates** der Lehrer von Platon. Platon wurde ebenfalls Lehrer, und zwar der von Aristoteles. Was wurde aus Aristoteles? Richtig, Lehrer – und zwar der von Alexander dem Großen. Dieser verzichtete dann jedoch auf die glänzende Pädagogenkarriere, die vor ihm lag, und führte zur Enttäuschung seiner Eltern ein unstetes Wanderleben, bei dem er und seine Kumpels sich dauernd in schlimme Prügeleien verwickeln ließen.

Ansonsten aber änderte sich im Lauf der nächsten Jahrtausende wenig. Die Schüler sagten: „Schule: okay, aber bitte ohne Mathe!" Und die Lehrer sagten: „Schule: okay, aber bitte ohne Schüler!"

Alles ging seinen Gang, aber dann kam das 20. Jahrhundert und damit die nächste große Umwälzung

---

** Sokrates war außerdem der Lehrer des Philosophen und Logikers Euklid, des Schriftstellers Xenophon und des Politikers Alkibiades, also eine Art antikes Ein-Mann-Oxford. Das soll ihm mal einer nachmachen.

in der Menschheitsgeschichte: Social Media. Diese veränderten das Verhältnis von Schülern und Schülerinnen (ja, inzwischen gab es auch die) zum Unterricht radikal.

Hier ein typischer Dialog zwischen zwei Gymnasiastinnen aus dem Jahr 1984, also dem Vor-Internet-Zeitalter:

STEFANIE: „Gehen wir heute zum Jazztanz?"
KATRIN: „Nee, wir müssen doch lernen."

Im Vergleich dazu ein ganz ähnlicher Dialog zwischen zwei Gymnasiastinnen im Jahr 2022, im Zeitalter von YouTube, Instagram und TikTok:

LEA: „Ey Bitch, ich hab neue Dancemoves drauf. Komm, wir posten die auf TikTok."

EMILIE: „Nice, Digga, scheiß auf Lernen heute!"

Tausende Jahre hat der Schulunterricht sich weiter- und weiterentwickelt, ist unter Einbeziehung wissenschaftlicher und psychologischer Erkenntnisse immer mehr verfeinert worden und ist nun endlich an einem Endpunkt angelangt: Man hampelt rum und gibt unverständliche Grunzlaute von sich.

LEXIKON

FERIEN. Nach einer mittlerweile veralteten Sichtweise die Zeitspanne, die Lehrkräfte zwischen Geburt und Tod erleben. Dabei handelt es sich natürlich um eine sehr einseitige Definition, die pädagogische Fachkräfte als „faul" diskreditieren soll und dabei völlig außer Acht lässt, dass die meisten von ihnen innerhalb ihrer Lebenszeit auch noch etwas anderes erleben: ihre Pension.

UNTERTEILUNG: Weihnachts-, Winter-, Oster-, Pfingst-, Sommer- und Herbstferien. Mit Fortschreiten des Klimawandels zunehmend nur noch mithilfe eines Kalenders klar voneinander zu unterscheiden.

BESONDERHEITEN: Der früher für die Sommerferien gerne benutzte Begriff „große

Ferien" warf immer wieder die Frage nach dem Verbleib der „kleinen Ferien" auf. Gerade Lehrende in den Fächern Deutsch und Philosophie waren sich darüber einig, dass der Begriff „große Ferien" zwingend die Existenz von „kleinen Ferien" voraussetzt, da man sich ansonsten ja die Verwendung des Adjektivs „groß" hätte sparen können. Bestrebungen der Kultusministerien, als logische Konsequenz dieses Gedankengangs zukünftig auch „kleine Ferien" mit in den Ferienkalender aufzunehmen, scheiterten jedoch, da einfach kein Platz mehr für sie war. In der Folge einigten sich die Verantwortlichen deshalb auf den heute gängigen Begriff „Sommerferien", der aber auch nicht ganz unproblematisch ist, da er trotz der Herbst- und der zumindest in manchen Bundesländern üblichen Winterferien die Frage nach dem Verbleib der „Frühlingsferien" aufwirft.

KLEINE
FEEDBACK-FIBEL
FÜR LEHRER

Ein nicht unwesentlicher Teil des Lehrerberufs besteht darin, den Schülern und Schülerinnen Rückmeldungen nicht nur in Form von Noten zu geben, sondern auch in Gesprächen. Hierbei gilt: Nicht nur der Inhalt Ihres Feedbacks zählt, sondern auch die Art und Weise, wie Sie es gegenüber Ihren Schülern und Schülerinnen äußern. Mithilfe einiger weniger Regeln können Sie Ihr Feedback nachhaltig verbessern:

- Formulieren Sie Ihr Feedback als ICH-BOTSCHAFT.
- Wenn Sie Kritik üben, äußern Sie sie anhand eines KONKRETEN BEISPIELS.
- Wenn Sie möchten, dass Ihr:e Schüler*in sich in Zukunft anders verhält, formulieren Sie dies IN FORM EINES WUNSCHES.

Diese Regeln helfen Ihnen vor allem bei verhaltensauffälligen und extrem aggressiven Kindern und Jugendlichen. Im Folgenden möchten wir Ihnen anhand eines typischen Beispiels aufzeigen, wie Sie in bestimmten Situationen richtig reagieren und was eher der falsche Ansatz ist. Hier das Bespiel: Ein

16-jähriger Schüler tritt im laufenden Unterricht zu Ihnen ans Pult und bedroht Sie mit einer Waffe. Wie reagieren Sie?

FALSCH: *„Hast du sie noch alle?? Nimm das scheiß Ding da weg!"*

RICHTIG: *„Ich finde es nicht korrekt, dass du auf eine Fünf in Mathe mit purer Aggression reagierst. Ich möchte deshalb, dass du das riesige Samurai-Schwert, das du gerade auf mein Gesicht richtest, wieder von dort wegnimmst. Für die Zukunft wünsche ich mir, dass wir ohne negative Emotionen über deine Noten reden können und du mich nicht, wie letzten Montag, wieder mit dem Kopf nach unten aus dem dritten Stock hängst."*

Die o.g. Regeln können Sie übrigens auch bei einem Gespräch im Kollegium anwenden, zum Beispiel, wenn Sie bemerken, dass eine Kollegin Sie ständig mobbt und Sie sie deshalb zur Rede stellen wollen.

FALSCH: *„Hey, Sie mobben mich schon seit über zwei Jahren. Ich werde Sie jetzt dem Schulleiter melden, Sie miese Schlange!"*

RICHTIG: *„Liebe Kollegin Soundso, ich kann sehr gut verstehen, dass Sie sich beruflich weiterentwickeln möchten und mit mir um die zu vergebende A14-Stelle konkurrieren. Ich finde es aber nicht gut, dass Sie – mit dem von mir vermuteten Ziel der Vorteilsannahme – das Gerücht in die Welt gesetzt haben, ich hätte ein Verhältnis mit der 15-jährigen Bianca Schmitz aus der 9c. Ich finde es auch nicht gut, dass Sie die Mehrzahl meiner Schüler und Schülerinnen bestochen haben, damit diese mich in der schulinternen Lehrer-Evaluation mit der schlechtesten Note bewerten. Ich wünsche mir für die Zukunft, dass Sie sich mir gegenüber etwas kollegialer verhalten und nicht wieder versuchen, mir in der großen Pause heimlich Strychnin in meinen Kaffee zu träufeln."*

Auch hier gilt: Sowohl Ihr Schüler als auch Ihre Kollegin werden sich durch Ihr Feedback nicht frustriert fühlen und Ihr Verhalten schlagartig ändern. Denken Sie also immer an die goldene Regel *„Lust statt Frust"*, dann wird der Lehrberuf zum Paradies auf Erden.

DIE WICHTIGSTEN
ÄNDERUNGEN
IM DEUTSCHEN SCHULSYSTEM
AM BEISPIEL VON NRW

In Abwandlung einer irischen Redensart über das Wetter spotten manche hierzulande: „Wenn dir die Schulpolitik nicht gefällt, dann warte einfach eine Minute." Andere polemisieren, selbst eine Eintagsfliege sei langlebiger als eine deutsche Bildungsreform. Dass diese Behauptungen völlig unzutreffend sind, zeigt dieser kleine Überblick:

1919: Einführung der allgemeinen Schulpflicht in ganz Deutschland

1944: Rrreform der deutschen Rrrrechtschrrrrreibung

1964: Einführung der Realschule

1968: Abschaffung der Volksschule, Einführung der Grund- und Hauptschule

1970: Einführung der Gesamtschule

1996: Reform der deutschen Rechtschreibreform von 1944

2004: Änderungen an der Rechtschreibreform von 1996

2006: Umfangreiche Änderungen an der geänderten Rechtschreibreform von 2004

2011: Einführung des Konzepts der Sekundarschule, teilweise Abschaffung der Real- und Hauptschule

`2013:` Abschaffung von G9, Einführung von G8

`2013:` Einführung der Inklusion, teilweise Abschaffung der Förderschulen

`2017:` Abkehr vom Konzept der Inklusion, Abkehr von der Abschaffung der Förderschulen

`2018:` Abschaffung von G8, Wiedereinführung von G9

`2018:` Abkehr vom Konzept der Sekundarschule

`2018:` In den Realschulen wird der eigenständige Bildungsgang "Hauptschule" eingerichtet

`16. MÄRZ 2020:` Einführung des Distanzunterrichts, Verzicht auf Präsenzunterricht

`12. AUGUST 2020:` Abschaffung des Distanzunterrichts, Rückkehr zum Präsenzunterricht

`12. AUGUST 2020:` Einführung der Maskenpflicht in Schulgebäuden. Auch am Sitzplatz, außer an Grundschulen

`1. SEPTEMBER 2020:` Abschaffung der Maskenpflicht, Luftfilter sollen angeschafft werden

`26. OKTOBER 2020:` Wiedereinführung der Maskenpflicht, Luftfilter sollen angeschafft werden

`14. DEZEMBER 2020:` Wiedereinführung des Distanzunterrichts, aber nur ab der achten Klasse

`22. FEBRUAR 2020:` Einführung des Wechselunterrichts

`12. APRIL 2021:` Wiedereinführung des vollständigen Distanzunterrichts, aber nur in Kreisen ab einer 7-Tage-Inzidenz von 165

31. MAI 2021: Abschaffung des Distanz- und Wechselunterrichts und Rückkehr zum Präsenzunterricht, aber nur in Kreisen ab einer Inzidenz von unter 100

16. JUNI 2021: Abschaffung der Maskenpflicht auf Schulhöfen, Beibehaltung im Gebäude

16. JULI 2021: Beschluss eines weiteren Lüftungsprogramms für Schulen

2. NOVEMBER 2021: Abschaffung der Maskenpflicht in Schulgebäuden, Luftfilter sollen angeschafft werden

2. DEZEMBER 2021: Wiedereinführung der Maskenpflicht, Luftfilter sollen angeschafft werden

15. DEZEMBER 2021: Geimpfte und Genesene werden von der Testpflicht an Schulen ausgenommen

10. JANUAR 2022: Die Testpflicht an Schulen wird wieder auf Geimpfte und Genesene ausgeweitet

2. FEBRUAR 2022: Erlaubnis, wieder den Distanzunterricht einzuführen

Um Lehrkräfte nicht weiter diesem ständigen Hin und Her auszusetzen, will sich das NRW-Bildungsministerium in Zukunft nur noch wichtigen schulpolitischen Änderungen widmen, z. B. der Wiedereinführung von G8 mit den optionalen Varianten G8 ¼, G8 ½ und G8 ¾, letztere aber nur für die wieder eingeführte Sekundarschule mit eigenständigem Bildungsgang „Hauptschule plus".

RECHTSCHREIBUNG

Sehr geehrte Damen und Herren,

mit Schrecken habe ich zur Kenntnis genommen, dass die Methode „Lesen durch Schreiben" bzw. „Schreiben nach Gehör", die seit vielen Jahren an unserer Schule erfolgreich praktiziert wird, abgeschafft werden soll. Als Grundschullehrerin fand ich diesen Ansatz immer richtig klasse: Alle Kinder dürfen erst einmal alle Wörter und Sätze so schreiben, wie sie sie hören. Was ist dagegen einzuwenden? „Ich schbiele gärne fuhsball." Prima! „Di kinda gen in den tso." Warum nicht?! „Ich kan briema schraipn." Wunderbar! Sollte man den Kindern diese lautmalerischen Schreibweisen verbieten, nur weil irgendwelche Dauernörgler meinen, man brauche eine hoch entwickelte Dekodierungsmaschine, um den dahinterliegenden Sinn zu entschlüsseln?! Meines Erachtens sollte man auch an weiterführenden Schulen einer korrekten Rechtschreibung nicht allzu viel Wert beimessen. Oder wäre es wirklich so schlimm, wenn Sie die folgende SMS von Ihrer 18-jährigen Tochter erhielten: „mudda, ischap jäzz apitua!" Sie können vielleicht nicht jedes Wort entziffern, aber liebende Eltern wissen auch so, was gemeint ist.
Mit fräuntlichn Grüßen,
StR Georgina Buschmann,
Düsseltal

AMTLICHE MITTEILUNG
ZUM THEMA
BRANDSCHUTZ

Der Brandschutz steht heutzutage über allem anderen. Und das völlig zu Recht. Denn die Gefahren lauern immer und überall. Gut, dass es in der Schulbürokratie verantwortungsvolle und weitsichtige Mitarbeiterinnen und Mitarbeiter gibt, wie das folgende Dokument eindrucksvoll belegt.

Abs.

Städtisches Schulamt

Am Sesselfurzerweg 4

00815 Haarspalterhausen*

Betr.: Verbot der Unterrichtseinheit „Der innere Aufbau von Pflanzen", durchgeführt von OStR Klaus Moser

Sehr geehrter OStR Moser,

besorgte Eltern der Klasse 5c haben mir, als Vertreter des städtischen Schulamts, von Ihrer geplanten Unterrichtseinheit im Fach Biologie zum Thema „Der innere Aufbau von Pflanzen" berichtet. Nach Prüfung der von Ihnen vorgelegten Unterlagen müssen wir die Durchführung derselben abschlägig bescheiden, da sie nicht im Einklang mit der aktuell gültigen Brandschutzordnung steht.

Begründung: In der von Ihnen geplanten Unterrichtseinheit werden Pflanzen oder Teile von Pflanzen auf ihren inneren Aufbau hin untersucht. Dabei ist nicht auszuschließen, dass es sich um getrocknete Pflanzen (oder getrocknete Teile von Pflanzen) handelt, die leicht entzündbar sind. Ihre Anmerkung, dass die genannte

---

* Aus redaktionellen Gründen wurden die Adresse der Behörde und der Name des Sachbearbeiters (am Ende des Dokuments) geändert.

Unterrichtseinheit mit Fünftklässlern durchgeführt werden soll und diese keine Feuerzeuge
bei sich trügen, ist nicht stichhaltig. Denn
selbst, wenn kein Schüler und keine Schülerin
ein Feuerzeug bei sich trägt, besteht u. E. ein
unübersehbares Risiko. Sie schildern in Ihren
Unterlagen, dass die Schüler*innen den Aufbau
der Pflanzen unter Zuhilfenahme mikroskopi-
scher Geräte untersuchen würden. Falls diese
Geräte mit elektrischem Strom betrieben werden,
besteht die Gefahr eines Kurzschlusses und
damit einhergehend eine Brandentwicklung mit
unabsehbaren Folgen.

Selbst wenn Sie aufgrund dessen auf den Ein-
satz getrockneter Pflanzenteile verzichten und
ausschließlich manuell betriebene Mikroskope
einsetzen würden, erfüllt dies zwar den Zweck
der Gefahrenminimierung, übersieht aber ein
weiteres erhebliches Risiko. Angenommen den
Fall, dass eine/r Ihrer Schüler*innen das ihm/
ihr zur Verfügung gestellte Gerät unsachgemäß
bedient, könnte sich das Okular vom Tubus lö-
sen und auf den Tisch fallen. Angenommen, das
im Okular enthaltene Vergrößerungsglas zer-
springt dabei, dann ist nicht auszuschließen,
dass es, bei einer ungünstigen Lage des nun vom
Mikroskopkörper getrennten Okulars und einer
Sonneneinstrahlung im entsprechenden Winkel
zu einer Bündelung des Sonnenlichts und infol-
gedessen zu einer übermäßigen Hitzeentwicklung

kommen könnte, die wiederum dazu führen könnte, ein auf dem Tisch befindliches Arbeitsblatt
oder eine einzelne Seite eines sich ebenfalls
auf dem Tisch befindlichen Schulhefts oder
-buchs zu entzünden und dadurch einen nicht
mehr kontrollierbaren Großbrand auszulösen.
Aus diesem nicht unwahrscheinlichen Szenario
ergibt sich ein massives Gesundheitsrisiko für
sämtliche Schüler- und Lehrer*innen.

Aus den genannten Gründen befindet sich die
von Ihnen geplante Unterrichtseinheit nicht
im Einklang mit der Brandschutzordnung nach
DIN 14096 Teil A, DIN 14096 Teil B sowie DIN
14096 Teil C, nachzulesen im Ministerialblatt
Ausgabe 2021, Nr. 11 vom 7.6.2021, Seite 107 bis
230 sowie der Richtlinie über bauaufsichtliche
Anforderungen an Schulen im Runderlass des
Ministeriums für Bau und Gleichstellung 670
- 115 vom 16. Mai 2021 und ist daher grundsätz-
lich abzulehnen.
Selbiges gilt im Übrigen für Sankt-Martins-
feiern, Essenszubereitung in der Schule, Unterricht in Räumen mit Holzmöbeln, Unterricht in
Schulgebäuden mit Holzanteilen und Unterricht
mit Schüler*innen, die Kleidung aus brennbaren
Stoffen tragen.

> Mit freundlichen Grüßen
> Lothar P. Dant
> (Schulrat)

INTERVIEW MIT
SOKRATES

Herr Sokrates. In Ihrer Klasse unterrichteten
Sie Schüler wie Platon, Euklid, Xenophon,
Alkibiades und Antisthenes. War das nicht
eine besondere Herausforderung, derartig
berühmte Persönlichkeiten vor sich zu haben?

*SOKRATES: Es war grauenhaft. Allein die Namen.
Die kann doch kein Schwein aussprechen. Also hab
ich denen erst mal andere gegeben. Dennis, Justin
und so weiter. Bei Platon hab ich lange überlegt,
welchen Namen ich ihm gebe. Bestimmt vier Jahre
lang. Wenn ich mal nachdenke, hör ich so schnell
nicht auf, wissen Sie. War aber auch knifflig,
denn eigentlich ist Platon ja nicht so schwer aus-
zusprechen. Hab mich dann aber doch für Dumbo
entschieden. Wegen seiner Segelohren. Fanden wir
alle lustig damals.*

Sie unterrichteten Philosophie. Von Ihnen stammt
der berühmte Satz „Ich weiß, dass ich nichts weiß".

SOKRATES: Davon weiß ich nichts.

Aber Philosophie unterrichteten Sie schon?

*SOKRATES: Ja. Als Hauptfach. Interessanter
fand ich aber die Nebenfächer. Sport, Hauswirt-
schaftslehre oder Chemie. In Chemie haben wir
immer Wein selbst gemacht. Kennen Sie bestimmt.*

*Griechischer Wein. Aber wenn Dumbo, also Pla-
ton, einen im Tee hatte, ging der einem mit seinen
Plattitüden immer ziemlich auf den Sack. Zum
Beispiel: „Glücklich sind die Menschen, wenn sie
haben, was gut für sie ist." Meine Fresse! Natürlich
sind die Leute happy, wenn sie haben, was ihnen
guttut. Liegt doch auf der Hand! Ich hab jedenfalls
noch keinen angetroffen, der froh darüber war, die
Pest zu haben.*

Das hört sich an, als hätten Sie lieber einen anderen
Beruf ergriffen ...?

*SOKRATES: Wir Lehrkräfte hatten ja nix damals.
Noch nicht mal ein Klassenzimmer. Unterrichten
Sie mal mitten auf dem Marktplatz von Athen!
Man versteht sein eigenes Wort nicht; wenn einer
mal austreten muss, braucht er 'ne halbe Stunde*

bis zum nächsten Klo; aber das Schlimmste: stän-
dig diese Eulenkacke auf der Toga!*
Aber es stimmt. Ich hätte schon lieber was anderes
gemacht. Barkeeper oder so was. In meiner Freizeit
mixe ich nämlich für mein Leben gerne Cock-
tails. Schon mal meine neueste Kreation probiert?
Tequila Schierling on the rocks. Haut den stärksten
Mann um.

Nein, bis jetzt noch nicht. Herr Sokrates, verraten
Sie uns noch etwas über Ihr Privatleben?

SOKRATES: Nur so viel: Bekommst du eine gute
Frau, wirst du glücklich werden; bekommst du eine
schlechte, wirst du Philosoph werden.

Dann sind Sie also ... nicht besonders glücklich?

SOKRATES: Ich will es mal mit einem Gleichnis
formulieren: Wenn es Paläste regnet, trifft mich
garantiert die Scheißhaustür.

Vielen Dank für das anregende Gespräch.

SOKRATES: Da nicht für.

---

*   Hier irrt Sokrates. Im alten Griechenland trug man keineswegs
eine römische Toga, sondern ein Himation. Aber das wissen Sie
natürlich längst.

HÄNSEL
&
GRETEL
FÜR
MINT-FÄCHER

Vor einer unbekannten Menge von Bäumen, kurz: w (für *Wald),* wohnten ein Element aus der Menge der Holzhacker (y), ein Element aus der Menge der Ehefrauen (z) und die Elemente Hänsel *(h)* und Gretel (g) aus der Menge der Kinder des Holzhackers und seiner Frau, wobei die Summe von Hänsel und Gretel identisch war mit der Menge der Kinder des Holzhackers und seiner Frau *(h+g=∑*Kinder *von y+z).* Der Holzhacker und seine Frau waren zudem Elemente der Menge a (für *arme Leute).* Als zu jener Zeit die Preise im Lande exponentiell *(f(x)=e^x)* anstiegen, konnte der Holzhacker das täglich Brot nicht mehr schaffen. So entschlossen sich er und seine Frau, dass Hänsel und Gretel eine Schnittmenge von w (für *Wald)* werden sollten und dass man sie anschließend in der Menge w zurücklassen wolle.

Hänsel aber hatte das Gespräch der Eltern mitgehört und berechnete umgehend die Wahrscheinlichkeit, mit der er und seine Schwester wieder aus der Menge w

herausfinden würden. Sie betrug exakt 93,52%. Dies setzte voraus, dass Hänsel eine Zahl n von Brotkrümeln auf der Geraden g, die die Menge w an ihrer längsten Stelle durchschnitt, ausstreute. Gemäß der Formel *Länge der Geraden in Metern : Anzahl der Brotkrümel = Entfernung der Brotkrümel voneinander.*

Gesagt, getan. Als die Eltern Hänsel und Gretel in die Menge w führten, warf Hänsel ein Bröckchen nach dem anderen in einem Normalparabelbogen ($f(x) = ax^2 + bx + c$) auf die Gerade g. Doch bald darauf wurde Hänsel gewahr, dass er bei der Berechnung der Wahrscheinlichkeit vergessen hatte, die Menge v (für *die Vögel des Waldes*) mit einzubeziehen. Diese pickten nämlich ein Bröckchen nach dem anderen weg, sodass die Menge der Brotkrümel bald identisch war mit Ø (*leere Menge*).

Die beiden Kinder wollten trotzdem nach der Geraden g suchen, aber sie waren so müde, dass ihre Beine sie nicht mehr tragen wollten. Da legten sie sich unter ein Element b (für *Baum*) der Menge w und schliefen ein. Nun war es nach den Gesetzen der Addition schon der dritte Morgen, dass sie ihres Vaters Haus verlassen hatten. Da sahen sie ein schneeweißes Element der Menge v auf einem Ast sitzen. Aufgrund der Tatsache, dass der statische Auftrieb des Tieres der Gewichtskraft der verdrängten Luft entsprach, konnte sich das Vöglein in die Lüfte schwingen und flog vor ihnen her, bis sie an einen symmetrischen Quader mit zwei aufgesetzten Rechtecken kamen. Als sie näher herantraten, so sahen sie, dass der Quader und die Rechtecke aus einem süßen, kräftig gewürzten und haltbaren Gebäck, kurz: aus Lebkuchen, waren. „Da wollen wir uns dranmachen", sprach Hänsel und reichte exakt 23,8 Zentimeter in die Höhe, schnitt mit Geodreieck und Zirkel ein Stück von den Rechtecken ab und wollte es gerade essen. Da rief eine feine Stimme aus der Stube: „Knusper, knusper, Rufus, wer knuspert an meinem Kubus?"

Und die Kinder antworteten: „Was, wenn es ein Naturereignis wäre/wie die meist horizontal gerichtete, stärkere Luftbewegung in der Erdatmosphäre?"

Darauf rief die Stimme: „Hä???" Und die Kinder antworteten: „Der Wind, der Wind, das himmlische Kind." Da ging die Tür auf und eine Frau, deren Lebensalter schon den Grenzwert gegen unendlich (∞) erreicht zu haben schien, kam heraus geschlichen und führte sie in ihren Lebkuchenkubus. Da ward gutes Essen aufgetragen und Hänsel und Gretel dachten, sie seien in dem fiktiven Ort zwischen Erde und Weltraum, in dem viele Religionen irrationalerweise Götter, Engel und Verstorbene vermuten.

Die Alte hatte sich zwar freundlich angestellt, sie war aber, was man im Volksglauben eine böse Hexe nennt. Wenn ein Element aus der Menge k (für *Kinder)* in ihre Gewalt kam, so beendete sie dessen Vitalfunktionen, tauchte den Körper in einen Kessel mit siedendem H_2O, führte es ihrem Verdauungstrakt zu und unterzog es dort einer Aufspaltung in Fette, Eiweiße und Kohlenhydrate. Also packte sie Hänsel und sperrte ihn in einen kleinen, mit Stroh bedeckten Polyeder. Da dieser, laut Angaben der Hexe, exakt 5,23 Meter von ihr entfernt war und sie für das 7,6

Sekunden dauernde Zerren von Hänsel eine Kraft von 83 Newton aufbringen musste, entsprach dies einer Leistung von exakt 57,117105263158 Watt, wobei die Hexe die 8 am Ende großzügig aufgerundet hatte.

Als drei Wochen, 6 Tage, 23 Stunden, 37 Minuten und drei Sekunden oder, wie der Volksmund sagt, vier Wochen vorüber waren, wollte die Hexe Hänsel kochen. Frühmorgens sollte Gretel eine oben offene, mit H_2O befüllte metallische Halbkugel aufhängen und darunter einem Stapel Holz so lange thermische Energie zuführen, bis dieser den Flammpunkt von 312 Grad Celsius erreicht hatte. „Erst aber wollen wir backen", sprach das alte Weib, „ich habe im Backofen schon Kohle vergast. Kriech hinein und beobachte, ob dort schon die gewünschte exothermische Reaktion eingetreten ist."

Gretel überschlug kurz die Wahrscheinlichkeit, die sich aus den Aussagen der Hexe in Bezug auf ihr eigenes Überleben ergab, und kam zu dem Ergebnis von 1:1.000.000. Deshalb sprach sie: „Ich weiß nicht, wie ich's machen soll. Ich bin 1,20 Meter groß, aber der Durchmesser der Öffnung misst deutlich weniger." „Dumme Gans", sagte die Alte, „die Öffnung ist locker π mal 40 Zentimeter groß, ich könnte selbst hinein." Damit trappelte sie heran und steckte den Kopf in die Öffnung. Da gab ihr Gretel einen Stoß, sodass die Hexe mit einem grob geschätzten Impuls von 1123,2684 kg·m·s^{-1} in den Ofen hineinfuhr, und dort jämmerlich verbrannte. Heiß, heißa, am heißasten, da war die Freude groß!!! Gretel befreite Hänsel aus seinem Polyeder und dank eines naturwissenschaftlich nicht erklärbaren Vorgangs, bei dem ein Element aus der Menge *s* der Stockenten eine Rolle spielte, gelangten die beiden Kinder frohgemut nach Hause zu dem mit ihnen verwandten Element aus der Menge *y* der Holzhacker. Da gab es ein munteres Stelldichein und es galt die Formel: Sorgen = ∅. Und wenn sie nicht gestorben sind, dann leben sie noch heute. Wobei die Wahrscheinlichkeit *dafür* mathematisch gesehen noch weit unter 1:1.000.000 liegt.

NEUES AUS DER WELT DER
MEINUNGS-
FORSCHUNG

Lehrer und Lehrerinnen werden häufig als ferien-fixierte Faulenzer wahrgenommen, die nur morgens arbeiten müssen und dafür dicke Gehälter und Pensionen einstreichen. Dies geht natürlich völlig an der Realität vorbei. Die Gehälter sind gar nicht so dick. Doch dies sind nur einige der zahlreichen Vorurteile, unter denen Lehrende zu leiden haben. Um herauszufinden, was Lehrkräfte wirklich bewegt und wo sie selbst Probleme in ihrem beruflichen Umfeld sehen, haben wir eine repräsentative Umfrage bei einem renommierten deutschen Meinungsforschungsinstitut in Auftrag gegeben.

Ein Ergebnis dieser Umfrage kam völlig überraschend: 90 % der Lehrer und Lehrerinnen gaben an, dass sie mit zunehmender Berufsdauer mehr und mehr den Spaß an ihrer Arbeit verlieren. Ein Schock! Ist eine breite Mehrheit der Deutschen doch bisher davon ausgegangen, dass diese Auffassung 100 % aller Lehrkräfte vertreten würden.

----

57 % von ihnen sagen, das Unterrichten sei in den vergangenen fünf bis zehn Jahren anstrengender geworden. Allerdings waren diese Lehrkräfte aus-

nahmslos zwischen 57 und 67 Jahren alt und gaben ergänzend zu Protokoll, dass in den vergangenen fünf bis zehn Jahren ALLES anstrengender für sie geworden sei.

Die Mehrzahl zeichnete, ebenfalls wenig über-raschend, ein sehr kritisches Bild ihrer Schüler-schaft. Knapp über 90 % meinten, „das Internet" habe einen zu großen Einfluss auf die Schüler und Schülerinnen. 70 % der männlichen Kollegen mein-ten, die Tatsache, dass sie selbst immer die neueste Version des Fußball-Simulationsspiels FIFA auf ihrem Schulrechner installiert hätten, sei „etwas ganz ande-res". Zudem sei es „ein Skandal", dass man als Lehr-kraft das Spiel – trotz Digitalpakt – selbst finanzieren müsse.

----

93 % der befragten Lehrkräfte fanden zudem, ihre Schüler und Schülerinnen seien zu materia-listisch eingestellt. Als man den Befragten die Zusatzinformation gab, dass genau diese Jugend-lichen durch ihre Steuerabgaben später u.a. für die Renten der Angestellten im ÖD und die Beamten-pensionen aufkommen würden, blieben nur noch 0,002 % der Befragten bei ihrer zuvor geäußerten Meinung. Dies entspricht genau einem Lehrer. Er hatte die Zusatzinformation nicht wahrgenommen, weil er gerade damit beschäftigt war, per Smartphone seine Daytrading-Gewinne auf ein Geheimkonto bei der Züricher Vontobel-Bank zu überweisen.

81% der Lehrkräfte leiden darunter, dass die Leistungsanforderungen permanent steigen. Auch wenn hier ausschließlich die Leistungsanforderungen an die Schülerschaft gemeint sind, beurteilen die meisten Lehrer diese Entwicklung negativ. Denn wenn die Schülerinnen und Schüler mehr leisten müssen, müssen die Lehrkräfte mehr korrigieren.

- -

Die meisten Lehrer und Lehrerinnen sind der Meinung, dass Eltern keinen ausreichenden Einfluss auf die Erziehung ihrer Kinder ausüben. Knapp **75%** beobachten, dass Eltern oft zu wenig Zeit für ihre Kinder haben. Den Grund, dass häufig beide Elternteile nachmittags arbeiten müssten, ließen **92%** der Lehrerschaft nicht gelten. Sie selbst ständen schließlich auch voll im Berufsleben und hätten nachmittags trotzdem immer Zeit.

- -

Übrigens: **71%** der Eltern sind der Auffassung, dass die Erziehung der Kinder extrem wichtig sei, aber **98%** von ihnen glauben, dass dies nicht ihre eigene, sondern alleinige Sache der Lehrkräfte sei. **82%** der Eltern haben die Erziehung ihrer Kinder „längst aufgegeben", die restlichen **18%** haben erst gar nicht damit angefangen. Dieses Ergebnis lässt vermuten: Für die Lehrer und Lehrerinnen wird es in Zukunft nicht einfacher.

- -

Dada für Musiklehrer

Gedicht über die

(Sinfonie mit dem Paukenschlag)
von Joseph Haydn, zweiter Satz

----------------------- b u m m -----------------

DIE DIGITALISIERUNG MEINER SCHULE –

20. Mai 2019: Lehrerkonferenz. Um den Unterricht zeitgemäßer zu gestalten, beschließen wir, moderne Tablet-Computer zu beantragen. Alle Lehrkräfte sind sich einig, dass es einfach kein Zustand ist, wenn jedes Schulkind ein Handy besitzt, dessen Grafikeinheit mehr Prozessorleistung aufweist als die komplette digitale Infrastruktur unserer Schule: ein 386er PC der Marke Compaq mit 10MB Festplatte. Es wird also Zeit zu handeln. Zumal der gerade ins Leben gerufene Digitalpakt verspricht, das Antragsverfahren einfach und unbürokratisch zu gestalten. Informationen zum genauen Prozedere sollen sich bequem auf einer extra zu diesem Zweck eingerichteten Webseite in Erfahrung bringen lassen. Das klingt doch gut! Nach der Konferenz schalte ich den 386er ein, um mit ihm ins Netz zu gehen.

21. Mai 2019: Es geht voran! Der 386er hat gebootet.

22. Mai 2019: Es stockt. Der Computer scheint mit der Darstellung der Website überfordert zu sein. Am Nachmittag leihe ich mir das Tablet meiner 16-jährigen Tochter und versuche es damit. Es zeigt sich, dass der langsame Seitenaufbau nicht dem Schulrechner geschuldet ist, sondern dem überlasteten Server der Website. Unsere Schule scheint nicht die Einzige zu sein, die Informationen zur unkomplizierten Antragstellung benötigt. Ich beschließe zu warten, bis der erste Ansturm sich gelegt hat.

29. Mai 2019: Der erste Ansturm hat sich leider noch nicht gelegt.

06. Juni 2019: Immer noch nicht.

14. Juli 2019: Nein.

15. Juli 2019: Ein Hoffnungsschimmer! Kurz vor den Sommerferien erfahre ich von einer Kollegin, dass diese von einem Kollegen einer in einer anderen Stadt arbeitenden Kollegin gehört habe, dass es im Süden oder Osten des Landes eine Schule geben soll, die wahrscheinlich erfolgreich einen Antrag im Rahmen des Digitalpakts gestellt hat. Nötig dazu sei wohl ein sogenanntes „Medienkonzept". Um was es sich dabei genau handelt, weiß allerdings niemand. Bleibe am Ball!

18. September 2019: Habe im Sommerurlaub einen in Schleswig-Holstein arbeitenden Kollegen kennengelernt. Dieser glaubt gehört zu haben, dass das dem Antrag beizufügende Medienkonzept ganz bestimmte und eng abgesteckte Formalien erfüllen muss. Welche das sind, weiß er aber nicht.

04. Oktober 2019: Wow! Es tut sich etwas! Obwohl der Antrag mangels Know-how noch gar nicht auf den Weg gebracht wurde, trifft ein großes Paket in der Schule ein. Beim Auspacken zeigt sich, dass es sich bei der Lieferung um Geräte handelt, die noch unter der Leitung des vor Jahren pensionierten Studienrektors beantragt worden waren: Zehn originalverpackte IBM Laptops mit dem vorinstallierten und zum Zeitpunkt der Antragstellung brandaktuellen Betriebssystem Windows 95. Die digitale Zukunft unserer Schule rückt in greifbare Nähe! Da niemand genau weiß, wie das Internet von der Telefondose im Sekretariat in die Laptops kommen soll, werde ich zum Systemadministrator ernannt. Beginne die Recherche zu meinem neuen Aufgabenfeld, indem ich den Systemadministrator unseres Haushalts – meine Tochter – mehrmals großzügig zu einer Shopping-Tour einlade.

<u>15. Oktober 2019:</u> Ich lerne viel! Heute habe ich auf eigene Kosten im Mediamarkt einen WLAN-Router für unsere Schule gekauft. Ist das der Durchbruch?

<u>27. Oktober 2019:</u> Nicht ganz! Zwar haben wir jetzt WLAN, aber leider nur im Sekretariat und einem Teil des Heizungskellers. Immerhin konnte ich die Schul-Laptops mit einem Textverarbeitungsprogramm ausstatten (Word 7.0), sodass ich mittlerweile in der Lage bin, auf einem der Geräte dieses Protokoll zu verfassen! Morgen werde ich versuchen, die Computer WLAN-tauglich zu machen, indem ich die notwendigen Treiber installiere. Dann werde ich mich dem weiteren Ausbau des drahtlosen Netzes widmen!

<u>28. Oktober 2019:</u> Hæbe den Treiber instælliert. Ællerdings scheint es einen Konflikt mit dem Tæstæturtreiber zu geben. Versuche, einen æktuelleren Treiber zu instællieren.

<u>29. Oktobœr 2019:</u> Diœ Instølløtion œinœs øktuœllœrœn Trœibœrs høt nicht nicht zum gœwünschtœn Œrfolg gœführt. Vœrsuchœ œs œrnœut.

<u>3⍰. Øktobœr 2⍰19:</u> Œs gœht ~/cht. ⍰⍰

<u>31. Oktober 2019:</u> Schreibe auf dem Tablet meiner Tochter, das sie mir großzügig im Tausch gegen einen Amazon-Gutschein im hohen dreistelligen Bereich überlassen hat.

Meine Recherche bezüglich der WLAN-Tauglichkeit der IBM-Laptops hat ergeben, dass diese eine WiFi-Karte benötigen, die seit 20 Jahren nicht mehr hergestellt wird. Über Ebay gelingt es mir, bei einem ungarischen Schrotthändler noch zehn Exemplare zu ersteigern. Die Zeit bis zum Eintreffen der Hardware will ich nutzen, um die Laptops softwareseitig auf den baldigen Einbau der Karten vorzubereiten.

26. November 2019: Es zieht sich. Das Administrieren der Computer erweist sich als ebenso aufwendig wie das Dekodieren der Informationen zum unbürokratischen Antragstellungsverfahren. Unterm Strich bleibt mir immer weniger Zeit für den Unterricht. Langsam gehen mir auch die Filme aus, die ich meiner Klasse zeige, während ich recherchiere oder versuche, Software zu installieren. Bauchschmerzen bereitet mir auch, dass die Ersatzbirnen zum Betrieb des schuleigenen Super-8-Projektors nicht mehr lieferbar sind und sich der Vorrat langsam dem Ende zuneigt.

12. Januar 2020: Lehrerkonferenz. Schlage vor, zur zeitgemäßen Filmpräsentation moderne WLAN-fähige Beamer im Rahmen des Digitalpakts anzuschaffen. Ernte großes Gelächter.

14. Februar 2020: Die bestellten WiFi-Karten sind bis jetzt nicht eingetroffen. Es scheint, als sei ich einem Betrüger aufgesessen. Langsam bekomme ich Zweifel am Narrativ einer unkompliziert einzurichtenden digitalen Infrastruktur.

13. März 2020: Ein Paket trifft ein. Sollte es sich dabei um die Karten handeln, könnte es Probleme beim Einbau geben, denn das Paket hat eine Größe von drei Kubikmetern und wiegt mehrere Zentner. Beim Auspacken zeigt sich jedoch,

dass es sich beim Inhalt um zwölf Hektografiergeräte handelt, die laut Lieferschein noch vom Vorgänger des ehemaligen Studienrektors irgendwann in den 80ern beantragt wurden. Mit vereinten Kräften verstauen wir die Antiquitäten im Keller der Schule.

16. März 2020: Der Distanzunterricht wird eingeführt. Das Unterrichtsmaterial soll digital verteilt werden. Mangels geeigneter Infrastruktur schleppen wir die Hektografiergeräte wieder nach oben, um mit ihrer Hilfe das Unterrichtsmaterial zu vervielfältigen. Mit einem Fahrradkurier wird es anschließend an die Schüler verteilt. Mit wechselhaftem Erfolg. Mal kommt es an, mal nicht. Wenn man so will, hat diese Form der Verteilung also exakt zwei Zustände und erfüllt somit schon mal eins der Kriterien einer digitalisierten Datenverarbeitung. Immerhin ...

18. Juni 2020: Wieder erreicht ein Paket unsere Schule. Zehn Kofferschreibmaschinen des Typs Adler Junior 1 von 1964 ohne Farbband. Stellen sie in den Keller zu den IBM-Laptops und den fünf Grundig-Supercolor-Farbfernsehern, die seit letzter Woche unseren Fundus bereichern.

21. Februar 2021: Mittlerweile habe ich den WLAN-Router bei mir zu Hause eingerichtet. Der Distanzunterricht mittels ZOOM (Noch mal Danke an meine Tochter!) funktioniert ganz gut, solange ich meine eigenen vier Wände nicht verlasse. Nur die erhöhte Strahlenbelastung in unserer Wohnung bereitet mir etwas Kopfzerbrechen. Aber auch dafür gibt es eine Lösung. Wenn ich frei von Strahleneinflüssen sein möchte, gehe ich einfach an einen Ort, der garantiert frei von WLAN ist und es auch lange bleiben wird – meine Schule.

SEHR GUTE SONGS
FÜR LEHRER
UND LEHRERINNEN

Lehrer und Lehrerinnen sind jederzeit offen für die Meinung anderer, insofern sie sich mit der eigenen deckt. Die folgenden Songs sind daher nicht als vorläufige Liste zu begreifen, sondern als die einzig mögliche Musikkompilation für Ihr Kollegium. Die Kultusministerien der Länder verteilen für solche Zusammenstellungen die Note „sehr gut", wenn die Qualität der Songs den an sie gestellten Anforderungen in besonderem Maße entsprechen. Dies ist hier eindeutig der Fall. Wenn Sie Widerspruch gegen die Auswahl einlegen wollen, wenden Sie sich bitte an Ihre zuständige Dienstbehörde.

1. **THE FINAL COUNTDOWN** (Europe), für die letzten 10 Tage vor dem Rentenbeginn. Für den Tag der Pensionierung selbst: **PERFECT DAY** (Lou Reed).

2. **IHR KÖNNT MICH MAL** (Gebrüder Engel), direkt nach der Verbeamtung.

3. **I WILL SURVIVE** (Gloria Gaynor), während des Referendariats an einer Hauptschule.

4. **KNOCKIN' ON HEAVEN'S DOOR** (Bob Dylan), vor dem Termin bei der Schulleitung.

5. **BILDER IM KOPF** (Sido), wenn Sie Kunstlehrer an einer E-Schule sind und ein Schüler Ihnen bei einem Museumsbesuch als Belohnung für Ihren fachlich fundierten Vortrag zwei Gemälde mit massiven Holzrahmen in die Schädeldecke rammt.

6. **ALLE KINDER LERNEN LESEN** (Kinderlied), Science-Fiction-Song für Grundschullehrer*innen.

7. **EVERYBODY'S GOTTA LEARN SOMETIMES** (Beck), Science-Fiction-Song für ALLE Lehrkräfte.

8. **ANOTHER BRICK IN THE WALL** (Pink Floyd), für Anwärter*innen auf den Preis „Originellste Musikauswahl in der Schülerdisco".

9. **ETERNAL FLAME** (Bangles), für Chemielehrer*innen, die ihre pyromanisch veranlagte Schülerschaft für einen Augenblick aus den Augen verloren haben.

10. **MORGENS IMMER MÜDE** (Laing), für alle, die sich fragen, was in den ersten beiden Stunden mit ihren Schüler*innen los ist.

11. **VIDEO GAMES** (Lana Del Rey), für alle, die sich fragen, warum ihre Schüler morgens immer müde sind.

12. **ÜBERMORGEN** (Mark Forster), für alle prokrastinierenden Kolleg*innen, die ständig gelöchert werden, wann sie die überfällige Klassenarbeit endlich zurückgeben.

13. **DU LÜGST SO SCHÖN** (Juli), wenn ein Schulkind Ihnen gerade erklärt, warum es zu spät zum Unterricht gekommen ist.

14. **SAVE YOUR TEARS** (The Weeknd), wenn eine Ihrer Schülerinnen gerade einen Nervenzusammenbruch erleidet, weil es im letzten Test nur eine Eins minus gab.

15. **SEXY AND I KNOW IT** (LMFAO), für den ganz normalen Sportlehrer.

16. **EUPHORIA** (Loreen), für Lehrkräfte, denen dieses Gefühl völlig unbekannt ist, also für fast alle.

17. **COVER ME IN SUNSHINE** (Pink), für Lehrkräfte, die gerade Sehnsucht nach den Sommerferien haben. Also fast alle, fast immer (außer in den Sommerferien).

18. **NOTHING ELSE MATTERS** (Metallica), für Englischlehrer*innen, bei denen ein Schüler den genannten Song mit „Das interessiert Else nicht" übersetzt hat.

BERÜHMTE PÄDAGOGEN
IM LICHTE DER JAHRHUNDERTE

Wir Lehrende wissen es natürlich alle: Das Wort P Ä D A G O G I K geht auf die griechischen Wörter *pais* (Knabe) und *ágein* (führen) zurück. Ein *paidagogos* im antiken Griechenland war also im wörtlichen Sinne ein Knabenführer. Es handelte sich dabei meist um einen Sklaven, der eine Gruppe von Knaben beaufsichtigte. Dies entspricht exakt dem Selbstbild heutiger Lehrkräfte. In der Antike hatte der Pädagoge* die Aufgabe, ausgewählte Knaben den Philosophen zur Erziehung zuzuführen. Diese Tradition lebt bis heute in der katholischen Kirche fort. Dort haben einzelne Mitglieder der Pfarrgemeinde die Aufgabe, dem Priester ihre Knaben zuzuführen. Hier ein kurzer Überblick über die wichtigsten Pädagogen der Geistesgeschichte neben Lehrer Lämpel, Doktor Specht und Herrn Müller aus „Fack ju Göhte":

SOKRATES

oder wie wir Bildungsbürger salopp sagen: Σωκράτης, (*469 v. Chr.). Der große Grieche entwickelte die philosophische Methode der Mäeutik, auch bekannt als Hebammenkunst. Sokrates fragte seinen Schülern solange Löcher in den Bauch, bis diese entnervt

---

*   Im Gegensatz zu Pädagoge ist Lehrer kein geschützter
      Begriff. Grundsätzlich kann sich jeder Lehrer nennen, der
      in irgendeiner Form Wissen vermittelt. Oder auch nicht.

aufgaben und so taten, als hätten sie den Vortrag des Lehrers verstanden. Heute ist diese Methode unter dem Begriff „Frontalunterricht" bekannt.

JEAN-JACQUES ROUSSEAU

(1712–1778), wird oft verwechselt mit Jacques-Yves Cousteau, dem putzigen Meeresforscher mit der roten Wollmütze. Rousseau war ein französischsprachiger Philosoph und Pädagoge und darüber hinaus einer der Väter der Aufklärung - neben Oswalt Kolle und Beate Uhse. Er hatte großen Einfluss auf die Pädagogik in Europa. Seine Kernthese lautet: Das Kind soll sich von selbst entfalten, eine Einflussnahme der Erziehungsberechtigten möglichst vermieden werden. Dies steht in krassem Kontrast zu einem moderneren pädagogischen Ansatz: den Helikoptereltern.

DON BOSCO

(1815–1888), von seinen Fans „der Pate" genannt, war ein italienischer Priester und nebenbei der Erfinder des Don-Boskop-Apfels. Er glaubte, dass Kinder vor allem etwas lernen, wenn sie die Strukturen in der Gesellschaft erkennen. Zum Beispiel, dass die Priester die Macht haben und die Messdiener nicht.

FRIEDRICH WILHELM VON HUMBOLDT

(1767–1835), kurz: Fritz Willi, war der Mitgründer der heutigen Humboldt-Universität in Berlin. Sein Bildungsideal sah ein dreistufiges Schulsystem vor, was bedeutet: Fritz Willi hat uns die fiese Bildungssuppe eingebrockt, die wir heute auslöffeln müssen.

RUDOLF STEINER

(1861–1925), nach einer großen Bandscheibenoperation im Jahr 1918 auch „Steiner, das eiserne Kreuz" genannt, leidet heute imagemäßig vor allem unter zwei Dingen: Er war Österreicher und der Begründer der Waldorfpädagogik. Diese fußt bekanntermaßen darauf, Gedichtvorträge durch möglichst alberne Bewegungen zu stören sowie an Gott, die Wiedergeburt und vor allem an Rudolf Steiner zu

glauben. Erfolg als Pädagoge hatte Steiner im Prinzip nur wegen eines einzigen Satzes: „Wir sind eigentlich als Lehrer und Erzieher nur die Umgebung des sich selbst erziehenden Kindes." Dieser Satz formulierte den Traum aller Lehrkräfte: „Die Kinder erziehen sich selbst und ich kriege weiter A 13" (und mehr).

MARIA MONTESSORI

(1870-1952), italienische Ärztin und Reformpädagogin, entwickelte die Montessoripädagogik. Deren Leitspruch lautet: „Hilf mir, es selbst zu tun!" Ein Satz, den angeblich viele Jahrzehnte später auch der Jurastudent Karl Theodor zu Guttenberg gegenüber seinem Doktorvater äußerte.

Der Pädagoge i. R.
BERNHARD BUEB

(*1938) läutete als Leiter des Elite-Internats in Salem (BaWü) das Revival der Disziplin in der deutschen Pädagogik ein. Aufgrund seiner Angewohnheit, mit seinen Zöglingen lustige Streiche auszuhecken (z. B. Klingelmännchen an der Internatspforte), trug er die Spitznamen *Lausbueb* und *Spitzbueb*.

KATHARINA SAALFRANK
(*1971), alias die „Supernanny", ist Diplom-Pädagogin. 2005 erhielt sie einen Preis „für die Verletzung der Würde von Kindern durch Vorführen in Extremsituationen". Der zuständige Sender RTL bekam kurz darauf einen Preis „für die Verletzung der Würde seiner Zuschauer durch die Ausstrahlung der Supernanny".

Auch Star-Moderator

THOMAS GOTTSCHALK
(*1950) hat ein Lehramtsstudium abgeschlossen, gestand aber, dass er sich wohl getäuscht habe: „Eine ganze Generation von Schülern kann froh darüber sein, dass ich ihr als Lehrer erspart geblieben bin." Andere meinen, Gottschalk wäre besser seiner ursprünglichen Berufung gefolgt. Einer ganzen Generation von Fernsehzuschauern wären so unzählige Jahre „Wetten, dass ..." erspart geblieben.

KURZKRIMI

Als Kommissar Jeff Carter kurz nach 20 Uhr vor der Kim-Kardashian-Highschool ankam, bot sich ihm ein Bild des Schreckens. Auf dem Schulparkplatz lag eine blutüberströmte Leiche, die ihn mit grotesk verzerrtem Gesicht anstarrte.

„Bei dem Toten handelt es sich um Ferdinand Walters, 46 Jahre, Mathematiklehrer", berichtete Carters Assistent Bill Smith, der kurz vor seinem Chef am Tatort eingetroffen war. „Er wurde erst von einem Auto angefahren und danach stranguliert."

Carter presste die Lippen zusammen. „Da wollte wohl jemand auf Nummer sicher gehen." Er deutete auf den Umhängegurt einer Tasche aus hellbraunem Lederimitat, die direkt neben der Leiche lag. „Ist das die Tatwaffe?"

Bill nickte. „Die Tasche gehörte dem Opfer. Aber Selbstmord war's wohl eher nicht."

„Das denke ich auch", erwiderte Carter. „Aber beantworten Sie mir eine Frage, Bill: Was in Gottes Namen macht ein Lehrer gegen 20 Uhr noch an seiner Schule?"

„Elternabend", entgegnete Bill trocken.

Carter geriet ins Grübeln. „Dann könnte es doch Selbstmord gewesen sein. Wäre nicht der erste Pauker, der nach einem Elternabend vor ein fahrendes Auto springt."

„Das stimmt." Bill räusperte sich. Die Kollegen von der Spurensicherung hatten in den letzten Jahren schon einige tote Lehrkräfte vom Asphalt gekratzt. „Aber ist wohl eher unwahrscheinlich, dass das Opfer sich danach selbst stranguliert hat."

Carter nickte nachdenklich. „Gibt es schon Verdächtige?"

„Zwei Väter und eine Mutter waren noch auf dem Schulgelände, als der Hausmeister den Toten fand", antwortete Bill. „Alle drei sind mit dem Auto gekommen und alle drei haben ein Motiv. Mrs. Goldsmith fährt ein Mercedes-Cabrio. Sie sieht in Mr. Walters den Hauptschuldigen dafür, dass ihre Tochter Ariana-Kylie auf dem letzten Zeugnis nur einen Notendurchschnitt von 1,4 hatte. Mr. Pendergast fährt einen BMW-Boxster. Er war stinksauer auf Walters, weil dieser seinem Sohn Donald-John trotz einer Zwei in Mathe keine Hochbegabung attestieren wollte. Und dann ist da noch Mr. Sanders. Er fährt einen Porsche Cayenne. Sein Sohn Brad-Bradley wurde letzten Dienstag nach dem Unterricht von Mr. Walters aufgefordert, die Tafel abzuwischen, was die Eltern als illegale Kinderarbeit und einen klaren Verstoß gegen die Genfer ILO-Konvention 182---"

„Sie müssen nicht weiterreden", unterbrach Carter seinen Kollegen. „Ich weiß bereits, wer der Täter ist ..." Bill schaute überrascht.

Wie hatte Kommissar Carter herausgefunden, wer den Mathematiklehrer Walters auf dem Gewissen hat?

Die Täterin konnte nur Mrs. Goldsmith sein, denn sie war die einzige Frau unter den Verdächtigen. Kein Mann hätte jemals das Risiko in Kauf genommen, durch das Überfahren eines Menschen seinen teuren Premium-Wagen zu beschädigen. Mrs. Goldsmith hingegen war dies völlig egal. Außer sich vor Wut über den indiskutablen Notendurchschnitt von Ariana-Kylie überfuhr sie Walters mit ihrem Cabrio. Dann erwürgte sie ihn mit dem Gurt seiner Tasche – allerdings nicht, um auf Nummer sicher zu gehen, wie Carter vermutete, sondern um Walters dafür zu bestrafen, dass er eine billige No-name-Tasche trug. Damit hatte er aus Sicht von Mrs. Goldsmith seine Vorbildfunktion gegenüber ihrer Tochter extrem vernachlässigt.

DIE SACHE MIT DEM
DATENSCHUTZ

Deutschlands Schulen schneiden in vielen Statistiken nicht besonders gut ab: Die Gebäude sind so veraltet wie die Konzepte, die Toiletten sind häufig nur mit einer Katastrophenschutzausrüstung begehbar und Pisa und ähnliche Studien legen regelmäßig gravierende Mängel in Sachen Unterrichtsqualität offen. Doch in einem Bereich stellen deutsche Lehrinstitute einsame internationale Spitze dar: im Datenschutz – wie die folgende Rundmail eindrucksvoll belegt.

═════, den═.═.═════
Betreff: Wandertag
An die Eltern der Klasse ≡b der ══════-═══════-Grundschule,
Liebe Eltern,
es ist wieder so weit: Nächste Woche, genauer gesagt, am ════, den ═.═., steht der Wandertag vor der Tür. Dieses Mal machen wir mit der Klasse einen kleinen Ausflug zum ══════ nach ══════. Die Fahrt mit dem ═══ wird nur etwa ══ Minuten dauern und der Aufenthalt etwa ≡ Stunden, sodass wir schon am späten Vormittag gegen ≡:≡ Uhr zurück sein werden. Dann werden Sie Ihre Kinder an der ═══-Haltestelle in der ═════-Straße abholen können.
Wichtig: Mitzubringen sind ════ und ══════ sowie ══════. ══════ und natürlich wie immer ══════.

Bei Nachfragen erreichen Sie die Klassenlehrerin der ≡b täglich zwischen ≡≡ und ≡≡ Uhr unter der Nummer ≡≡≡/≡≡≡≡ oder per Mail unter ≡≡≡.≡≡≡≡@≡≡≡≡≡≡.de

P.S. Das Veröffentlichen von Fotos, die während der Klassenfahrt entstanden sind, z.B. auf privaten Familien-Blogs, ist selbstredend gestattet. Davon ausgenommen sind Fotos, auf denen Folgendes zu sehen ist: Schüler*innen, Lehrer*innen, Busfahrer*innen oder sonstige Begleitpersonen sowie Eltern, die die Kinder bringen oder abholen, außerdem zufällig Vorbeigehende (sofern nicht eine schriftliche Einverständniserklärung vorliegt); Ortsschilder; Straßenschilder; Nummernschilder von bewusst oder zufällig fotografierten Fahrzeugen (falls nicht eine schriftliche Einverständniserklärung der Halter*innen vorliegt); öffentliche Gebäude; Privatgebäude (falls nicht eine schriftliche Einverständniserklärung der Besitzer*innen vorliegt).

P.P.S. Einige besonders sensible Informationen in dieser Mail wurden aus Datenschutzgründen unkenntlich gemacht. Diese schraffierten Felder können Sie online problemlos freischalten durch Ausführen der folgenden simplen Aktionen:

1. Beantragen Sie beim zuständigen Schulamt schriftlich einen personalisierten Zugang zum Schulserver. Sie erhalten dann ein Antwortschreiben mit Ihrem vorläufigen Benutzernamen und einige Tage später ein zweites Schreiben mit Ihrem Passwort, das Sie bitte vorsichtig freirubbeln. Hierfür suchen Sie bitte einen isolierten

Ort auf, sodass das Passwort vor den Blicken anderer Personen geschützt wird.

2. Mit diesen Daten legen Sie nun auf dem Schulserver Ihren persönlichen temporären Account in der Untergruppe „Wandertag" an. Dort erhalten Sie ein Kennwort, das Sie sich unbedingt notieren und an einem sicheren Ort verwahren sollten.

3. Laden Sie sich die vom Bundesamt für Datenschutz eigens zu diesem Zweck entwickelte und zertifizierte Authenticator-App „Wandertag ≡b" auf Ihr Smartphone oder Ihren Laptop herunter. (Falls Sie kein Smartphone oder Laptop besitzen, beantragen Sie schriftlich einen Authentifizierungscode beim Bundesamt für Datenschutz. Die datengeschützte Adresse des Bundesamts erfahren Sie per PostIdent-Code bei Ihrer nächsten Postfiliale.)

4. Beantragen Sie nun das Anlegen eines eigenen Accounts in der App. Ihr Benutzername und Ihr Kennwort werden Ihnen erneut in zwei verschiedenen Schreiben schriftlich zugesendet.

5. Melden Sie sich in der App an und geben Sie das Kennwort ein, das Sie bitte unverzüglich in ein eigenes Kennwort ändern, welches mindestens 12 Buchstaben in Groß- und Kleinschreibung, 8 Zahlen und 24 Sonderzeichen enthalten muss.

6. Beantragen Sie ein polizeiliches Führungszeugnis und einen Schufa-Auszug, scannen Sie nach Erhalt derselben beide Dokumente ein, außerdem Ihre Geburtsurkunde, Ihren letzten Steuerbescheid und ein Foto der Seriennummer Ihres Fahrrades und laden Sie die Dateien auf die App.

7. Nach Überprüfung Ihrer Daten durch das Bundesamt für Datenschutz und Ausstellung einer Unbedenklichkeitszertifizierung erhalten Sie einen 18-stelligen Zifferncode, den Sie sich notieren sollten, sowie eine Adresse.

8. Begeben Sie sich an die angegebene Adresse und öffnen Sie die Eingangstür des Gebäudes durch Eingabe des Zifferncodes.

9. Im Inneren des Gebäudes suchen Sie das letzte Zimmer auf der linken Seite des Flurs auf. Dort liegt ein Wegwerf-Handy. Wählen Sie die voreingestellte Nummer und sagen Sie laut „Der lila Wal äst welken Schmand." Eine Computerstimme wird Ihnen nun das Passwort zum Freischalten der schraffierten Flächen dieser Mail geben.

10. Öffnen Sie die Mail erneut und geben Sie das Passwort ein. Nun werden Sie sämtliche sensiblen Informationen im Klartext sehen können.

11. Lernen Sie die Mail auswendig und vernichten Sie sie dann restlos unter Verwendung eines speziellen Programms, das Sie auf der Website „festplattekomplettschreddern.de" herunterladen können.

Wir freuen uns auf einen entspannten Wandertag.
Die Schulleitung der ═════-═════-Grundschule und die Lehrer*innen der ═b:══════ ═══════-═════════, ══════ ════════, ═════════ ══════, ════════ ══════-═══, ═════ ═════════, und ══════-═════ ════════════.

Dada für
MATHELEHRER

Gedicht über das Werk

99 LUFTBALLONS

von Nena

x gleich summe luftballons

x gleich der hypotenuse eines

rechtwinkligen dreiecks

zum quadrat mal vier minus eins

ankathete gleich drei

gegenkathete gleich vier

wie viele luftballons?

TAGEBUCH
VON JOHN KEATING

Der Film „Der Club der toten Dichter" porträtiert den großartigen, unkonventionellen Pädagogen John Keating. Indem er seinen Schülern die Liebe zum Leben und zur Poesie nahebringt, formt er sie zu reifen, erfüllten Persönlichkeiten. Wir fragen uns: Wie wäre es Keating ergangen, wenn es ihn einige Jahrzehnte später an eine Gesamtschule in einem Kölner Problemviertel verschlagen hätte?

09. August 2018: Werde morgen zum ersten Mal eine Stunde in der neuen Schule geben – in der zehnten Klasse, die ich als Klassenlehrer übernommen habe. Kann es kaum erwarten, den jungen Menschen die Liebe zum Leben und zur Poesie nahezubringen. Ich werde sie eine Seite aus dem trockenen Lehrbuch herausreißen lassen – das ist eine sichere Methode, um ihnen zu zeigen, dass leeres Faktenwissen nichts zählt im Vergleich zur persönlichen Erfahrung.

03. September 2018: Muss mir eingestehen: Der Tag war ein kompletter Reinfall. Erst das Ausreißen der Buchseite – es stellte sich raus,

dass die Schülerinnen und Schüler das schon selbst übernommen hatten, und zwar nicht nur eine Seite, sondern mehr oder weniger alle.

Danach forderte ich sie auf, sich auf die Pulte zu stellen, um die Welt aus einer anderen Perspektive wahrnehmen zu können. Ein Schüler namens Boris, der bei den anderen großen Respekt genießt und dem sie den Spitznamen „Boris the Butcher" gegeben haben, war der Einzige, der meinem Wunsch nachkam. Gerade als ich ihn loben wollte, grinste er auf mich herunter: „Ey, geil, Mann, ich kann dir voll auf deine hässliche Rübe spucken!" Und er ließ es sich nicht nehmen, die Richtigkeit seiner Bemerkung zu demonstrieren. Immerhin, alle haben gelacht. Und geht es nicht genau darum – das Leben in vollen Zügen zu genießen?

19. September 2018: Heute habe ich meine Schützlinge in eine emotional ungeschützte Situation gebracht, um sie für die Welt der Poesie zu öffnen – jeder musste ein selbst verfasstes Gedicht vortragen. Boris meldete sich freiwillig mit dem Vers „Zicke zacke, Hühnerkacke." Alle lachten. Als ich ihn aufforderte, über seine Emotionen zu sprechen, schlug er auf mich ein, bis ich weinte.

Nachträglich muss ich zugeben, dass ich nicht die Schüler, sondern mich selbst in eine emotional ungeschützte Situation gebracht hatte. Welch ein traumhaftes Beispiel für die unvorhersehbare Ironie des Lebens.

14. Oktober 2018: Ich stellte heute den Schülerinnen und Schülern frei, mich entweder mit meinem Namen anzusprechen oder aber — nach dem wunderbaren Gedicht von Walt Whitman — mit den Worten „Oh Captain, mein Captain". Die Jungs und Mädchen nahmen den Vorschlag begeistert auf, änderten aber — auf die Initiative von Boris' Freundin Leonie hin — die Anrede in „Oh Kackarsch, mein Kackarsch." Das behielten sie sogar bei, als der Direktor hereinkam, der sich über den fröhlichen Lärm wunderte.

Der Blick, mit dem der Mann mich bedachte, kann nur als verächtlich bezeichnet werden. Trotzdem sollte ich zufrieden sein: Meine Schüler haben Kreativität und Eigeninitiative gezeigt, wie ich es sie gelehrt habe.

29. Oktober 2018: Heute ließ ich meine Zöglinge einen Ball über ein Fußballfeld schießen, während sie einen Gedichtvers rezitierten, um ihnen zu zeigen, dass Lyrik nicht nur dem staubigen Klassenzimmer vorbehalten ist.

Alle machten begeistert mit — vor allem, nachdem Boris herausgefunden hatte, dass die Übung viel mehr Freude bereitet, wenn man den Ball durch den Kopf einer Autoritätsperson, zum Beispiel des anwesenden Lehrers, ersetzt. Man kann sagen, was man will: Boris' Einfallsreichtum ist einfach erstaunlich.

16. November 2018: Heute die erste Stunde, seit ich aus dem Krankenhaus entlassen wurde. Ich wies drei der Mädchen zurecht, die ununterbrochen tratschten und Kurznachrichten mit ihren Handys verschickten. Es stellte sich allerdings heraus, dass ich damit eine Grenze überschritten hatte, denn die drei erklärten übereinstimmend, dass sie unter Boris' persönlichem Schutz stehen. Wieder einmal erstaunt mich Boris. Wer hätte einen solchen Gentleman hinter seinem rasierten Kopf und seinen für sein Alter enorm trainierten Muskeln vermutet?

17. November 2018: Forschte heute genauer nach und stellte fest, dass mehrere der Mädchen überhaupt nicht zur Klasse gehören, genauer gesagt, noch nicht mal in diese Schule. Sie erläuterten die Situation und gaben an, dass sie „für Boris laufen" und hier seien, damit er sie unter Kontrolle hat. Boris verweigerte eine Klarstellung. Als ich darauf bestand, schlug er mich, bis ich laut schrie. Ich denke, ich habe die Klasse mit dieser Zurschaustellung emotionaler Unmittelbarkeit beeindrucken können.

Wie sagt Whitman: Ich brülle mein barbarisches
Johoo über die Dächer der Welt."

Heute diskutierte ich mit
den Schülerinnen und Schülern über unser neues
Klassenmotto, das ich ausgegeben hatte, um das
Leben zu feiern: „Carpe diem". Boris' Freundin
Leonie bewies große Kreativität, als sie die
Worte in Nullkommanix umdichtete. Unser neues
Klassenmotto heißt nun also „Kacke diem." Wieder
lachten alle. Mache mir doch ein wenig Sorgen über
die offensichtliche Fäkalfixierung meiner Schüler.

22. Dezember 2018: Heute Weihnachtsfeier in meiner zehnten Klasse. Ich hatte vor, gemeinsam einige der schönsten Gedichte des letzten Jahrhunderts zu lesen, Frost, Cummings und Thoreau, um so zu einer zwanglosen Diskussion über die großen Fragen unserer Existenz überzuleiten. Wie sich herausstellte, gab es aber nur einen einzigen Programmpunkt: Mich auf den Tisch zu stellen und dann mit Kreide, Schwämmen und Gedichtbänden zu bewerfen und die Szene mit den Handys mitzufilmen, damit Leonie sie auf ihrem Instagram-Account posten kann.

Dabei bestätigte sich meine Theorie wieder einmal auf wunderbare Weise. Auf dem Tisch stehend gewann ich eine ganz und gar neue Perspektive: Ich habe keine Ahnung von Pädagogik! Ich habe versagt! Ich bin eine Null!

15. Januar 2019: Werde morgen zum ersten Mal eine Stunde in der neuen Schule geben – der Militärakademie von West Point. Kann es kaum erwarten, die jungen Menschen hier zu Mitgliedern des US-Marine-Korps zu drillen – durch unbedingten Gehorsam, gnadenlose Disziplin und bedingungslose Unterwerfung unter militärische Rituale. Fühle mich hier einfach am richtigen Ort.

Letzte Worte

Im Ernst, Herr Kollege: Wenn das möglich wäre, dass die Blagen den Scheiß, den ich heute Morgen im Unterricht verzapft habe, mitfilmen und in dieses Internet stellen ... Mann, ich würde mich auf der Stelle erschießen!

(ANONYMER LEHRER, 2009)

— — —

„Immer nur auf Tische steigen ist nicht kreativ. Warum nicht mal was anderes, zum Beispiel dieses ungesicherte Baugerüst? Ich mache es mal vor ..."

(JOHN KEATING, BEKANNT AUS
„CLUB DER TOTEN DICHTER")

— — —

„Yoda dir alles beigebracht hat, junger Anakin. Aber du ihn nie bezwingen wirst mit dem Laserschwert – komm, greife an mal mich!"

(YODA, JEDI-RITTER UND LEHRMEISTER VON
ANAKIN SKYWALKER, BEKANNT AUS
„KRIEG DER STERNE")

— — —

„Hallo, ich bin euer neuer Sozialkundelehrer. Ich dachte, heute reden wir mal über ein ganz spannendes Thema, und zwar die Gleichberechtigung der Frau ..."

(AHMED KHALILI, REFERENDAR AN DER
MOTASSADEQ-TALIBANSCHULE IN
DER HINDUKUSCH-REGION, 2022)

„Hallo, ich bin der neue Sozialkundelehrer. Ich dachte, heute reden wir mal über ein ganz spannendes Thema, und zwar die Gleichberechtigung von Bürgern arabischer Herkunft ..."

(SHLOMO ARMBRUSTER, REFERENDAR AN DER ULTRAORTHODOXEN RABBI-HALBERSTAM-SCHULE IM VON ISRAEL BESETZTEN PALÄSTINENSERGEBIET)

— — —

„Also, wat issene Maschinenpistol? Da stelle mer uns janz dumm und da sage mer so: Ein Maschinenpistol, dat is ein jroßet schwarzet Dingens, dat hat vorne e Loch und hinten keinet, sondern so 'nen Abzug ... Pfeiffer, ziehn se doch mal dran ..."

(GYMNASIALPROFESSOR DR. BÖMMEL, BEKANNT AUS DER „FEUERZANGENBOWLE", 1944)

— — —

„So ein Quatsch, Platon – wenn Schierling giftig wär, hätt ich das Zeug doch nie getrunken."

(SOKRATES, DER LEHRER VON PLATON, 399 V. CHR.)

— — —

„Ich habe als einfacher Lehrer mexikanische Drogenkartelle und die Mafia ausgetrickst. Und ich war cleverer als die DEA und das FBI zusammen. Da werde ich ja wohl noch so eine einfache Verpuffungsreaktion hinkriegen, die---"

(CHEMIELEHRER WALTER WHITE, BEKANNT AUS DER SERIE „BREAKING BAD", 29. SEPTEMBER 2013)

SUDOKU FÜR LEHRER*INNEN

Sudoku ist eine beliebte Freizeitbeschäftigung, vor allem bei der Leserschaft von ZEIT online, die ja bekanntermaßen zu 95 % aus Lehrer*innen besteht. Die restlichen 5 % sind Professor*innen. Zwar kann man in den ZEIT-Sudokus zwischen verschiedenen Schwierigkeitsstufen wählen, aber es wäre schön, wenn man die unterschiedlichen Spiellevel noch näher an die jeweilige Zielgruppe heranbringen könnte.

FÜR NORMAL BEGABTE LEHRER*INNEN

3			2	4			6	
	4						5	3
1	8	9	6	3	5	4		
				8	2			
		7	4	9	6	8		1
8	9	3	1	5		6		4
		1	9	2		5		
2			3			7	4	
9	6		5			3		2

85

						1		
4								
	2							
			5		4	7		
		8			3			
		1		9				
3			4		2			
	5		1					
			8	6				

FÜR YOGALEHRER'INNEN,
die bereits das Nirwana erreicht
haben, oder Lehrer*innen der
Zauberschule Hogwarts, die das
Fach „Hellsehen" unterrichten:

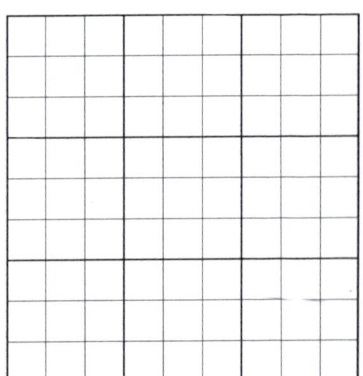

1	0		1	0		1		
	0	0	1		0		0	
0	1		0		1	1		1
1		1	1		1	0		0
		0		1	1	1		
0		1	1		0		1	0
1	0			1				1
		0			0	0		1
0			1		1		0	

Falls Sie Ihre Schüler*innen auch für diesen fantastischen Denksport begeistern wollen, hier ein Sudoku FÜR NORMAL BEGABTE SCHÜLER*INNEN

5	3		6	7	8	9	1	2
6	7	2	1	9	5	3		8
1	9	8	3		2	5	6	7
8	5	9	7	6	1		2	3
	2	6	8	5	3	7	9	1
7	1	3	9	2		8	5	6
9	6	1	5	3	7	2	8	
2	8	7		1	9	6	3	5
3		5	2	8	6	1	7	9

*

Falls dieses Sudoku zu schwierig sein sollte, versuchen Sie es mit diesem EINSTEIGER- SUDOKU (auch für Sportlehrer*innen hervorragend geeignet):

5	9	8	2	1	3	6	7	4
1	4	7	5	6	8	3	2	9
2	3	6	9	7	4	8	1	5
7	6	2	1	4	8	9	3	8
8	5	4		9	2	1	6	7
3	1	9	7	8	6	4	5	2
6	8	5	4	3	7	2	9	1
4	2	1	6	5	9	7	8	3
9	7	3	8	2	1	5	4	6

---

* Kleiner Tipp – die gesuchten Zahlen liegen zwischen 3 und 5.

VERGLEICHSTEST
SCHULGEBÄUDE
FRÜHER UND HEUTE

Immer wieder berichten die Medien von maroden Schulgebäuden, die einem erfolgreichen Unterricht mitunter wortwörtlich Steine in den Weg legen. Passend dazu sprechen manche von Zuständen wie in der Steinzeit. Aber stimmt das auch wirklich? Um eine faktenbasierte Diskussion zu ermöglichen, haben wir einen Vergleichstest durchgeführt zwischen der Johannes-Kepler-Gesamtschule Köln und der Grk-Grw-Grw-Gesamthöhle Neandertal.

Ausstattungsmerkmal	Steinzeit	Heute
WLAN flächendeckend	Nein	Nein
Funktionierende Feuermelder	Nein	Nein
Funktionierende Feuerlöscher	Nein	Nein
Erste-Hilfe-Raum	Nein	Ja
Erste-Hilfe-Raum mit Verbandskasten	Nein	Ja
Erste-Hilfe-Raum mit befülltem Verbandskasten	Nein	Nein
Schulessen	Ja (Mammuteintopf)	Ja
Schulessen mit veganem, anti-allergenem und laktosefreiem Tagesmenü	Nein	Ja
Kiss & Ride-Parkplatz vor dem Schulgebäude	Nein	Ja

Ausstattungsmerkmal	Steinzeit	Heute
Schulhof	Ja	Ja
Schulhof, der nicht wegen Baufälligkeit gesperrt ist	Ja	Nein
Schulhof, der benutzbar ist, weil dort keine Unterrichts-Container aufgestellt sind	Ja	Nein
Notausgänge	Ja	Ja
Unverschlossene Notausgänge	Ja	Nein
Notausgänge, die tatsächlich nach draußen führen	Ja	Nein
Nicht einsturzgefährdete Deckenkonstruktion	Ja	Nein
Schadstofffreier Innenanstrich	Nein	Ja
Tische und Stühle aus natur-belassenem Holz	Nein (Tische und Stühle aus Stein)	Nein (wegen Brandschutz)
Dach	Ja	Ja
Dichtes Dach	Ja	Nein
Heizung	Ja (Feuer)	Ja (zentral)
Funktionierende Heizung	Ja	Nein
Toiletten	Ja (Plumpsklo)	Ja (WC)
Saubere Toiletten	Nein	Nein
Unverschlossene Toilettenräume	Ja	Nein
Barrierefreiheit	Ja	Nein
Schimmelfreie Wände	Ja	Nein
Luftfilter	Nein	Nein
Fenster	Nein	Ja
Fenster, die man öffnen kann	Nein	Nein
Fenster mit intakten Scheiben	Nein	Nein
ZWISCHENERGEBNIS	**16**	**12**

Bislang sieht es nach einem Sieg für das Schulgebäude der Steinzeit aus. Doch das Bild ändert sich drastisch, wenn man einen Blick auf die ökologischen Kriterien wirft.

Ausstattungsmerkmal	Steinzeit	Heute
Tafelkreide aus nachwachsenden Rohstoffen	Nein	Ja
Natur-Tafelschwämmchen aus zertifiziertem Fair-Trade-Handel	Nein	Ja
Desinfektionsmittelspender aus recyceltem PET-Kunststoff	Nein	Ja
Fahrradständer aus nachwachsendem Bambus	Nein	Ja
Schulgong aus nachwachsendem Bambus	Nein	Ja
ENDERGEBNIS	16	17

Klarer Testsieger: Die Schule von heute.

BLICK IN DIE
ZUKUNFT

Auf dem Schulhof der integrierten Elyas M'Barek-Montessori-Gesamtwaldorfschule im Berliner Stadtteil Oranienburg herrscht gespenstische Stille. Es ist 11 Uhr 23, die große Pause ist bald zu Ende. Ungefähr 25 Lehrende stehen in einer Ecke des Schulhofs zusammen. Einige essen. Andere ziehen sich kurz in die Pillen-Ecke des Schulhofs zurück, um sich ihre Pausendosis Ritalin zu genehmigen. Plötzlich kommt Bewegung in die Menge. Eine Tür öffnet sich und drei Schüler betreten den Schulhof. Augenblicklich stürmen die Lehrkräfte johlend auf die Schüler zu und umlagern sie. Der extrem starke Geburtenrückgang im ausgehenden 21. Jahrhundert wird auch hier, in der einzigen verbliebenen Schule Berlins, immer deutlicher sichtbar. Dazu Lehrerin Annette B.: „Im Augenblick kommen auf einen Klassenverband, der im Normalfall aus ein bis zwei Schülern besteht, ungefähr 15 Lehrerinnen und Lehrer. Das ist natürlich ein Skandal! Eigentlich müssten es 20 sein! Vor allem bei dem, was die Politik ab nächstem Jahr plant."

Annette B. spricht hier das Vorhaben des integrierten Bundesministeriums für Bildung, Rück-Analogisierung, Arbeit, Bienenschutz, Verkehr und Stillstand an, ab dem Sommersemester 2101 das 11-Jahres-Abitur einzuführen. Eine nicht nur von der

GDL (Gewerkschaft Deutscher Lehrkräfte) stark kritisierte Reform, wie das Statement von Schüler und Klassenprimus Theophenes Balthasar M. erahnen lässt: „Kriegst du nicht alles in scheiß Birne geprügelt! Politiker sind alle scheiß Opfer!"

Es klingelt. Ein Blick auf den Stundenplan sagt, dass in der folgenden Stunde Biologie unterrichtet wird. Gleichzeitig mit Chemie, Geschichte, Deutsch, Denglisch, Chinesisch, Informatik, Selbstverteidigung, Erdkunde, Marskunde, Atheismus, Pandemieregeln und Kochen. Theophenes Balthasar M. stöhnt: „Kriegst du nicht alles in scheiß Birne geprügelt! Trotz scheiß Rotationsunterricht! Politiker sind alle scheiß Opfer!"

Der Rotationsunterricht, bei dem ein Schüler simultan von bis zu 15 Lehrkräften in verschiedenen Fächern unterrichtet wird und 2075 noch unter Altbundeskanzlerin Annalena Baerbock-Habeck zusammen mit dem Sieben-Jahres-Abitur eingeführt wurde, findet auch im Kollegium der integrierten Elyas-M'Barek-Montessori-Gesamtwaldorfschule nicht nur Zuspruch. Annette B.: „Wir stehen halt mit 15 Leuten um den Schüler herum. Jeder hat eine Minute Zeit, sein Fach zu unterrichten, dann wird der Stuhl, auf dem der Schüler sitzt, weitergedreht und der nächste Kollege ist dran mit seinem Fach. Klar ... das ist der Tribut an die verkürzte Schulzeit und die

enorme Fächervielfalt. Aber: Wie wollen Sie denn da in die Tiefe gehen?" Das denkt auch Theophenes Balthasar M.: „Kriegst du nicht alles in scheiß Birne geprügelt! Politiker sind alle scheiß Opfer! Rotationsunterricht ist scheiße!"

Die für das Ressort Bildung zuständige Bundesministerin Emma Schweiger sieht das anders: „Der Rotationsunterricht hat sich bewährt. Immerhin haben in der BRD im letzten Jahr 768 Schülerinnen und Schüler die Hochschulreife erlangt. Das ist eine Erfolgsquote von 93 Prozent und katapultiert Deutschland an die Spitze der PISA-Studie, noch vor den Vereinigten Staaten von China."

Nach zwei Schulstunden ertönt das erlösende Klingelzeichen. Lehrkräfte und Schüler begeben sich in die Pause, um die nötige Energie zu tanken für den folgenden Nachmittags-, Abend-, und Nachtunterricht. Der ungeheure Leistungsdruck stellt natürlich eine enorme Belastung dar für alle Beteiligten – mit entsprechenden Folgen. Annette B.: „Die meisten von uns sind schon mit 63 völlig ausgebrannt und gehen in den Vorruhestand. Mit 63! Also 17 Jahre vor Erreichen des gesetzlichen Renteneintrittsalters!"

Theophenes Balthasar hat indes andere Probleme. Der 13-Jährige weiß nicht, was er im nächsten Jahr nach seinem Abitur studieren soll. Dabei würde ihn bei seinem momentanen Notendurchschnitt von 1,0 jede Universität mit offenen Armen empfangen. Doch Theophenes Balthasar wägt noch sorgfältig ab: „Uni ist scheiße. Kriegst du nicht in scheiß Birne geprügelt! Profs sind alle Opfer!"

Wer weiß? Vielleicht studiert er ja auf Lehramt.

Ihr Interesse an Pädagogik wurde den Autoren bereits in ihrer eigenen Schulzeit eingeprügelt. So verwundert es nicht, dass alle drei später selbst den Beruf des Lehrers ergriffen, um auch mal hauen zu können. Doch leider ohne Erfolg. An den Schulen wurde zwar weiterhin geprügelt, nur schlugen die Jugendlichen jetzt die Lehrkräfte. Trotzdem oder gerade weil sie diese Erfahrung machen mussten, entwickelten sich die Autoren in den Folgejahren zu den einflussreichsten Pädagogen, die Deutschland zu bieten hat. Man könnte auch sagen: Sie waren die Einzigen, die nicht resigniert das Handtuch warfen. Aus ihrer Feder stammen die aus dem heutigen Schulbetrieb nicht mehr wegzudenkenden und lange überfälligen Werke „Lexikon der natürlichen Zahlen von 1 bis unendlich", „Das Megaphon – Alternative zum Distanzunterricht?" und das Grundschul-standardwerk „Narkolepsie bei Kindern – Fluch oder Segen?"

*Zudem gründeten die drei Universalgelehrten
1978 auf Galapagos die erste Waldorfschule für
Schnappschildkröten mit Schwerpunkt Musical und
Tabledance, unterrichteten am Orinoco die Yano-
mami-Indianer in der Kunst des lautlosen Tötens
mittels eines stieren Blickes und revolutionierten die
deutsche Grammatik durch das ersatzlose Streichen
vom Genitiv.*

▌▌▌ TEXTE ▌▌▌▌▌▌▌▌▌▌▌▌▌

PETER GITZINGER, LINUS HÖKE und
ROGER SCHMELZER sind seit vielen Jahren als
Autoren für zahlreiche Kabarett- und Comedyshows im
deutschen Fernsehen tätig. Neben Drehbüchern verfassen
sie Theaterstücke und erarbeiten Bühnenprogramme für
etablierte Kabaretthäuser und Comedians. Linus Höke ist
zudem der Verfasser des Bestsellers *Shades of hä?*. Alle drei
Autoren leben in und um Köln herum.

▌▌▌ ILLUSTRATIONEN ▌▌▌

ARI PLIKAT, geboren 1958 in Lüdenscheid. Lebt in
Dortmund, zeichnet Illustrationen, Cartoons und komische
Bilder, die in vielen Zeitungen und Zeitschriften zu sehen
sind. Bei Lappan ist zuletzt sein Buch *Das ist mein Hip Hop!*
erschienen. www.ariplikat.de

Wir produzieren
nachhaltig

· Klimaneutrales Produkt
· Papiere aus nachhaltigen
und kontrollierten Quellen
· Hergestellt in Europa

MIX
Papier | Fördert
gute Waldnutzung
FSC® C002795

4. Auflage der überarbeiteten Neuausgabe 2024

© 2022 Lappan Verlag in der Carlsen Verlag GmbH, Oldenburg/Hamburg

ISBN 978-3-8303-4536-7

Lektorat: Ariane Ossowski

Herstellung|Gestaltung: Monika Swirski

Folgt uns! facebook.com/lappanverlag
Instagram.com/lappanverlag
www.lappan.de